CORÉE DU SUD

LE MODÈLE & LA CRISE

Collection **M**ouvements **E**conomiques et **S**ociaux
Dirigée par **Claude ALBAGLI**

La collection « les **M**ouvements **E**conomiques et **S**ociaux » présentée par **L'HARMATTAN** et l'**INSTITUT CEDIMES** se propose de contribuer à l'analyse des nouveaux aspects de la mondialisation en embrassant les phénomènes économiques, sociaux et culturels. Elle vise à faire émerger des recherches et des contributions originales sur les mutations du développement et de la mondialisation.

Ouvrages parus ou en cours de parution

ALBAGLI Claude, « **Le surplus agricole, De la puissance à la jouissance** », Coll. M.E.S., L'Harmattan, 2001

DELIVANIS-NEGREPONTI Maria, « **La mondialisation conspiratrice** », Coll. M.E.S., L'Harmattan, 2002

RUBY Marcel (sous la direction) « **Une mondialisation humaniste** », Préface du Ministre Délégué de la Coopération et de la Francophonie, Pierre-André WILTZER, Coll. M.E.S., L'Harmattan, 2003

RAJEMISON Sahondravololona et ALBAGLI Claude, « **Mutations contemporaines et développement** », Préface du Ministre de l'Enseignement Supérieur et de la Recherche, Jean-Théodore RANJIVASON, Coll. MES, L'Harmattan, 2003

MAYOUKOU Célestin, ALBAGLI Claude, TORQUEBIAU Emmanuel et THUILLIER Jean-Pierre (Coordonnateurs), « **Gouvernance du Développement local** », CIRAD, Coll. M.E.S., L'Harmattan, 2003

ALBAGLI Claude, (Coordonnateur) « **Alter-Développements, et développements altérés, Hommage à Jacques AUSTRUY** », Coll. M.E.S., L'Harmattan, 2003

ALBAGLI Claude (Coordination), **« Cahiers du CEDIMES, N° I »** avec Guy Caire, Jean-Paul Courthéoux, Alain Redslob, Xavier Richet, Sergio Conti, Yves-Marie Laulan, Colette Nême, Coll. MES, L'Harmattan, 2003

Coordonné par
Yersu KIM et Claude ALBAGLI

CORÉE DU SUD
LE MODÈLE & LA CRISE

Traduit par Célestin MAYOUKOU

INSTITUT CEDIMES

L'Harmattan
5-7, rue de l'École-Polytechnique
75005 Paris
FRANCE

L'Harmattan Hongrie
Hargita u. 3
1026 Budapest
HONGRIE

L'Harmattan Italia
Via Bava, 37
10214 Torino
ITALIE

AUSTRUY Jacques, **« L'Islam et le Développement »** Coll. MES, L'Harmattan, 2004

KIM YERSU & ALBAGLI Claude, **« Corée du Sud, *Le modèle & la crise* »**, Commission Nationale Coréenne pour l'UNESCO, Coll. MES, L'Harmattan, 2004

TREMBLAY Rodrigue **« L'Amérique impériale »** Coll. MES L'Harmattan, 2004

DUPRIEZ Pierre et VANDERLINDEN Blandine (sous la direction) **« Balises pour le management interculturel »**, Coll. MES L'Harmattan (En préparation)

DELIVANIS-NEGREPONTI Maria et ALBAGLI Claude (sous la direction) **« Euro, convergences et divergences européennes»** AELF, Coll. MES, L'Harmattan (En préparation)

YAKER Layashi, SOUMARE Aymate et ALBAGLI Claude (sous la coordination) **« Vers la phase opérationnelle du NEPAD »** Préface du Président de la République du Sénégal, Abdoulaye WADE, Coll. MES, L'Harmattan (En préparation)

ALBAGLI Claude **« Inventaire et itinéraire de la pensée en développement, De Bandung à Cancún »** Coll. MES, L'Harmattan (En préparation)

DUPRIEZ Pierre (sous la direction) **« Perspectives latino-américaines du management interculturel »** Coll. MES L'Harmattan (En préparation)

ISBN : 2-7475-6224-7
EAN : 9782747562249

Korean Economy
Reflections at the New Millennium

— Anthology of Korean Studies, Volume I —

Edited by the Korean National Commission for UNESCO

The Korean economy is a model of extensive economic development achieved in a short period of time. Success for Korea, however, has not been free of problems, and the financial crisis of the late 1990s in particular can be interpreted as an example of failure in economic management. Too simplistic an interpretation of the Korean economy, whether positive or negative, should be cautioned against. In order to better grasp the contemporary Korean economy in all its complexities, it is necessary to understand the political and economic terrain as well as the time-space context in which the Korean economy is located. As the first volume of a series of six volumes in the fields of economics, politics, anthropology, literature, history, and philosophy, this publication attempts to provide readers abroad with a short but balanced introduction to economic issues in modern Korea by presenting a wide range of topics from a diverse group of contributors. Part I introduces earlier efforts at economic development and discusses their achievements and failures. In Part II, several contributors examine the meaning and effects of rapid economic growth in relation to the country's social and economic development. The 1997 financial crisis and subsequent responses by the government and corporate sector are the focus of Part III. Since the adjustment process is still on-going, a comprehensive evaluation must wait a few more years. Part IV discusses the role of the government, which was essential for the rapid growth of the

Korean economy in a changing environment. Since this volume is a collection of articles published in the Korea Journal, it offers readers a variety of subjects and views rather than an in-depth analysis of a single topic.

448 pp. 16x24 cm. ISBN: 1-56592-173-3 (Hardcover) ***$ 35.95***

First published in 2001
by Hollym International Corp.
18 Donald Place, Elizabeth, New Jersey 07208, U.S.A
Tél. (908) 353-1655
Fax. (908) 353-0255
http://www.hollym.com

Published simultaneously in Korea
by Hollym Corporation; Publishers
13-13, Gwancheol-dong, Jongno-gu, Seoul 110-111, Korea
Tél. (02) 735-7551~4
Fax. (02) 730-5149, 8192
http://www.hollym.co.kr

Preface

Although Korea first came to the attention of the Western world through Hendrick Hamel's writings in the seventeenth century, it was not until the late nineteenth century that Westerners began to take a greater and more serious interest in its rich culture, history and philosophy. In the twentieth century, Korea underwent dramatic transformation: the end of the Joseon dynasty, the harshness of Japanese colonial rule, national division, war, unprecedented economic growth and modernization. It was only natural that the interests of the outside world in the Korean peninsula should have grown greatly in the course of this transformation.

Since its first issue in 1961, the Korea Journal has played a small but indispensable role in this process by providing scholars and researchers with an objective and accurate knowledge of Korea. I am pleased that the Korean National Commission for UNESCO and Institut CEDIMES agreed to publish the six-volumes "Série Corée" from 2002 to 2004. This series will provide Francophone readers all over the world, particularly in France with its long tradition of Korean studies, with diverse perspectives on Korean society in all its complexities by presenting scholarly articles on Korean culture, history, economy, and politics. Most of these articles, I am happy to note, have been carefully selected from previous issues of the Korea Journal dating back to 1961.

It is my hope that this series will serve those who seek a comprehensive understanding of Korean society and culture. It could be used as a textbook at the university level or a standard reference for anyone teaching, studying, or researching in any area of Korean studies.

I would like to express my sincere gratitude to Prof. Claude Albagli, president of the Institut CEDIMES, and Prof. Kim Hee Eel, for their initiative in the publication of this series. I would also like to recognize and thank the many persons who have labored tirelessly on the translation and editing of this series.

Yersu Kim
Secretary-General
Korean National Commission for UNESCO

Préface

La Corée s'est imposée dans le paysage médiatique avec la coupe du monde de football. Voici un pays dont le PNB par tête d'habitant était similaire à celui du Sénégal dans les années soixante et qui aujourd'hui s'impose comme la onzième puissance économique de la planète. Le CEDIMES fut par sa vocation analytique des phénomènes de la mondialisation et du développement particulièrement intéressé de voir de plus près les raisons de cette étonnante réussite. En France, la prise de conscience a été sans doute plus tardive qu'ailleurs. Notre pays s'est protégé plus longtemps des voitures du « pays du matin calme » ainsi que de ses magnétoscopes à coups de barrières douanières, de quotas et de fiscalités. Mais les produits ont fini par s'imposer à la faveur de la grande vague de déréglementation et d'un savoir faire conquis au Japon et en Amérique du nord. Et certaines de nos rames du métro parisien circulent peints aux couleurs de Samsung !

L'analyse de cette expérience est d'autant plus intéressante qu'elle concerne un pays qui réalise avec ses 45 millions d'habitants l'équivalent de la moitié de la production mise en œuvre par 1300 millions de chinois. Cette réussite prend aussi tout son intérêt par les voies choisies inscrites souvent à contre-courant des idées dominantes. L'insertion dans l'échange international était réputée apporter davantage de mécomptes que de satisfactions. De nombreux auteurs préconisaient alors le développement auto-centré à l'abri de solides barrières douanières. La voie contraire qui fut choisie visait à s'insérer dans l'échange international en maîtrisant une niche. Le pari fût gagné et le résultat apparaît aujourd'hui époustouflant.

En volant de succès en succès l'attention fut sans doute moins vigoureuse et le système provoqua quelques contre-performances lourdes de menaces. Mais lorsque la crise de 97 éclata, elle prit la plupart des opérateurs et des observateurs au dépourvu.

Les analyses de ces performances et de ses limites ont été examinées par le « Korean Journal » de l'UNESCO à Séoul. Nous avons donc établi une convention pour publier en français les analyses réalisées par les chercheurs coréens dans la collection de l'Institut CEDIMES. C'est donc grâce à cette rencontre fructueuse avec le Secrétaire Général de la Délégation Coréenne pour l'UNESCO, Monsieur KIM Yersu que ce projet a pu éclore. Nous tenons ici à le remercier ainsi que notre collègue Célestin MAYOUKOU qui, avec une équipe de traducteurs, a mis à la portée des francophones, les analyses coréennes.

Les articles sélectionnés ont pour la plupart été rédigés à la fin de années quatre-vingt dix. Ils ont été publiés pour la première fois dans le « Korean Journal » placé sous l'égide de la *Korean National Commission for UNESCO*. Tout en soulignant la réussite incontestable de leur modèle, les auteurs coréens montrent un sens très critique en présentant avec pertinence les limites de la performance. Les articles retenus font un inventaire circonstancié et stimulant du cheminement qui a fait de la Corée, un partenaire incontournable sur l'échiquier mondial. En faire la connaissance participe à une meilleure appréhension des enjeux planétaires.

Claude ALBAGLI
Président de l'Institut CEDIMES

PREMIERE PARTIE

LE MODELE

Qui profite de la restructuration industrielle ?[1]

Réflexions sur l'expérience sud coréenne des années quatre-vingt[*]

HO KEUN SONG

La Corée du Sud (dorénavant la Corée) a suscité un vif intérêt mondial pour sa croissance économique rapide. La conclusion récurrente des recherches sur le développement économique de la Corée souligne que malgré son instabilité politique, l'Etat coréen a montré une remarquable capacité à

---

[1] **HO Keun Song** "*Who Benefit from Industrial Restructuring? Reflexion on the South Korean Experience in the 1980s*", pp. 69 - 84, **Korea Journal**, Thirty Years of the Korea Journal, Vol. 31, N° 3, Autumn 1991

[*] Ceci est une version abrégée d'un article écrit dans le cadre d'une conférence régionale des spécialistes sur la question des effets de l'ajustement structurel dans les expériences de l'Asie-Pacifique, organisée par la Commission Nationale Coréenne pour l'UNESCO et le Conseil Coréen de la Recherche en Science Sociale, qui s'est tenue à Séoul du 25 au 28 juin 1991 et a été à nouveau présenté, avec modifications, au trentième Congrès International de l'Institut International de la Sociologie, Kobe, Japon, du 5 au 9 avril 1991.

mettre en œuvre une politique économique et à accroître sa compétitivité sur les marchés mondiaux.

Cependant, il est important de noter que la « miraculeuse » rétrospective cache plus de failles qu'elle ne révèle d'effets positifs. Le capitalisme de la Corée a accru les conflits sociaux plutôt qu'il n'a amélioré l'harmonie sociale au regard de la variété des moyens mis en oeuvre pour cette expansion économique réussie. L'Etat coréen reste fidèle au principe d'une *« croissance prioritaire et d'une distribution ultérieure »* et exerce un fort contrôle sur l'organisation économique et la mise en place de la politique pour atteindre ces objectifs. La restructuration industrielle, réalisée au début des années soixante-dix, reflète l'intention de l'Etat de maximiser les profits et de sacrifier la liberté politique. Ces deux aspects méritent d'être mentionnés.

Premièrement, les inégalités sociales sont plus profondes que ce que les hommes d'Etat ont bien voulu laisser croire. Deuxièmement, l'Etat capitaliste coréen a consolidé une politique basée sur un régime autoritaire. La durée relativement longue du régime autoritaire est principalement due à la capacité de l'Etat à gérer la contradiction entre l'accumulation et la légitimation (O'Connor, 1973). Par conséquent, la « miraculeuse » perspective cache une crise profonde de la societe coréenne, c'est-à-dire, les inégalités et la répression politique. A cet égard, le « miracle coréen » est mal compris, faisant tomber la nuit sur le soleil levant.

En terme de part du capital détenu par l'Etat, le développement économique ébranle les raisonnements à propos de l'intervention de l'Etat, dans le sens où cela réduirait l'efficacité de la bureaucratie économique dans la planification économique et la mise en place de sa politique, et ferait faiblir la relative autonomie de l'Etat. Les évènements récents nous permettent de prédire que les capitaux privés poussent l'Etat coréen à être un partenaire fidèle pour l'accumulation des capitaux.

Cet article analyse les conséquences sociales de la restructuration industrielle, en s'attardant sur deux crises sociales que le miracle économique coréen a exacerbées, les inégalités et la répression politique. Le point central de l'analyse sera d'expliquer les politiques étatiques et leurs impacts sur la société tout entière dans le processus de restructuration industrielle, au cours de ces deux dernières décennies. Le principal objectif de cet article est de réexaminer le « modèle coréen », susceptible d'être appliqué à des pays moins développés en Asie tentés de reproduire l'expérience coréenne avec la recherche d'une rapide et importante promotion de l'exportation.

1 - La restructuration industrielle depuis les années soixante-dix

1.1. *Définition de la restructuration industrielle*

La restructuration industrielle fait pourtant partie intégrante du processus de développement, mais des points de vue différents cernent sa définition. Généralement, la restructuration industrielle se réfère à des changements structurels de l'économie centrale conduite par le gouvernement, au cours d'un stade plus avancé du développement (ESCAP, 1990 : 4).

Depuis le second choc pétrolier, la Banque Mondiale et le FMI ont toutefois suggéré un concept plus spécifique pour limiter le problème à l'ajustement structurel et à la stabilisation. La Banque Mondiale et le FMI ont mis l'accent sur la politique de restructuration avec les bases suivantes : reformes des structures incitatives, restructurations des investissements publics, équilibre du budget, gestion de la dette et réorientation des structures industrielles (ibid. : 6). Bien que les accords politiques stipulés par la Banque Mondiale et le FMI ont souligné une vigoureuse intervention de l'Etat, ils ont, en fait, passé un message important à savoir : la gestion économique doit répondre aux mécanismes du marché (contre le contrôle administratif) et au rôle attendu du secteur privé (contre le secteur public) (ibid. : 6).

Cette étude aura pour objet de discuter l'application à partir de concepts plus ou moins étroits pour en définir l'application coréenne. Plus precisement, cette étude adopte la distinction dichotomique de la politique industrielle suggérée par Johnson (1982). En se penchant sur l'héritage historique japonais depuis la Restauration Meiji, Johnson décrit deux composants de base de la politique industrielle, correspondant aux aspects micro et macro-économiques : le premier est ce que les japonais appellent « la politique de rationalisation industrielle » et le second « la politique industrielle structurelle » (Ibid : 27). La simple définition de la rationalisation industrielle est un assortiment de « politique étatique à un niveau microéconomique et d'intrusion de l'Etat dans les opérations minutieuses des entreprises individuelles avec des mesures tendant à améliorer ces opérations » (ibid. : 27)[2]. D'un autre côté, la politique industrielle structurelle, « concerne l'agriculture,

---

2 Selon la revue Whitepaper, Chalmers Johnson classifie la politique de rationalisation en quatre groupes spécifiques : (1) la rationalisation des entreprises, (2) la rationalisation de l'environnement industriel, (3) la rationalisation de toute industrie, et (4) la rationalisation des structures industrielles afin de coller au plus près des standards compétitifs internationaux (ibid : 27).

l'exploitation minière, la fabrication industrielle et les services en proportion de leur contribution à la production totale du pays, autrement dit, la politique industrielle concerne les entreprises légères et lourdes en proportion de leur main d'œuvre et de leur qualification» (ibid. : 28). En d'autres termes, « le cœur de la politique est une série de stratégies industrielles qui doivent être développées ou ajustées à d'autres secteurs » (ibid : 28).

1.2 *Contenu de la mise en place de la politique de restructuration industrielle.*

La restructuration industrielle qui s'est opérée en Corée depuis le début des années soixante-dix a eu deux phases distinctes : la phase d'Industrialisation de la Chimie Lourde (dorénavant, ICL) dans les années soixante-dix et l'Ajustement Structurel de l'Industrie pour la stabilisation économique (qualifiée, ASI) dans les années quatre-vingt. Ces politiques, au niveau macroéconomique, ont contribué à la réussite économique basée sur l'exportation et à la rapide transformation de la technologie (Choi, 1987).

Au niveau macroéconomique, l'ICL et l'ASI ont un but commun : promouvoir l'exportation et une rapide transformation dans la production technologique. Le régime Yushin, entre 1972 et 1979, a permis de consolider les fondations de l'exportation mises en place par le Président Park, basées sur la fabrication de biens de consommation tels que le textile dans les années soixante, avec les apports technologiques et le concours des institutions financières et administratives. Le régime Yushin s'était fixé comme but, l'augmentation de l'emploi et de la capacité de production du secteur industriel et l'élévation du niveau technologique et des connaissances industrielles. Afin de progresser davantage vers ce but, le régime Chun de 1980 à 1987, a développé l'ASI en faisant face au second choc pétrolier et à l'érosion de la compétitivité nationale sur les marchés mondiaux.

Cependant, au niveau microéconomique, il existe de grosses différences à la fois dans les contenus et dans l'orientation des politiques. En effet, le régime de contrôle des exportations est l'élément le plus important marquant la différence des politiques menées par les différents régimes coréens (Bhaguati, 1978 ; Krueger, 1978). Autrement dit, le régime Yushin a irrégulièrement alloué les bénéfices de l'Etat aux industries lourdes et stratégiques ainsi qu'aux entreprises appartenant à de gros conglomérats. A l'inverse, le régime Chun, qui s'est arrogé le pouvoir à travers l'action militaire, a adopté des politiques économiques en faveur de l'ajustement structurel industriel qui est, en fait, une combinaison apparue à la fin du régime Yushin. Le régime Chun a employé à nouveau, les bureaucrates de l'économie du régime précédent et les a obligé à soutenir la politique industrielle qu'on a qualifiée de « politique de stabilisation économique (kyŏngje anjŏnghwa shich'aek) ». La caractéristique principale de cette politique regroupe deux aspects: le réajustement et la déréglementation.

Pour résumer, la restructuration industrielle, au cours des deux périodes de régime autoritaire coréen entre 1972 et 1987, a été fortement soutenue pour favoriser avec succès la promotion des exportations et une capitalisation technologique intensive. Cependant, il y a deux phases bien différentes: l'ICL et l'ASI. L'ICL était basée sur une politique de reconfiguration dans laquelle l'Etat a tenté de réduire la dépendance de l'économie nationale au seul mécanisme du marché de telle sorte qu'il puisse faciliter l'industrialisation de la chimie lourde. L'ICL a été solidement établie même s'il en a résulté une érosion de la compétitivité nationale et une hyper-inflation. A l'inverse, l'ASI a adopté une politique en conformité avec le marché dans laquelle l'Etat a essayé de renouer avec la dépendance des mécanismes des marchés par un réajustement et une déréglementation. On peut noter que ces deux mesures ont été efficaces en rendant plus forte la promotion de l'exportation basée sur une production intensive en Corée. Cependant, la restructuration industrielle a provoqué un changement significatif dans le capitalisme d'Etat coréen : on a obtenu davantage de contrôle sur l'économie nationale, obligeant l'Etat à accroître le support de ses groupes d'intérêts. Les mesures de conformité au marché par l'intervention de l'Etat n'ont fait qu'accroître les inégalités. Finalement, la dépendance structurelle de l'Etat vis-à-vis des capitaux a retardé la transition vers la démocratie.

1.3. *L'autonomie limitée de l'Etat : la politique de stabilisation et de monopolisation.*

O'Connor explique que l'Etat dans les sociétés capitalistes est confronté à une contradiction entre l'accumulation et la légitimation (O'Connor, 1973). Il explique que pour résoudre cette contradiction avec efficacité, l'Etat essaie d'accroître les interrelations avec le capital privé. Dans ce sens, la récession économique qui s'est produite, en 1980, a conduit l'Etat à être plus dépendant du capital privé, ce dernier a commencé à montrer un fort mécontentement de cette intervention excessive de l'Etat. Mais, la politique de stabilisation du projet ASI fut, de nature, à renforcer les mécanismes du marché déjà en place dans le but de renforcer la prise en compte du point de vue du capital privé vis-à-vis de celui de l'Etat. La politique de stabilisation a servi à consolider l'influence capitaliste à la fois du point de vue politique et économique dans la Corée des années quatre-vingt.

La stabilisation recouvrait quelques mesures politiques importantes : la révision du régime de contrôle des exportations, la privatisation du système bancaire et la libéralisation. Premièrement, l'Etat a réduit ses incitations en matière d'exportation, attribuant le ralentissement économique de la fin des années soixante-dix à l'extrême instabilité causée par la stratégie de l'Etat consistant à développer l'industrie chimique dans des délais restreints. Deuxièmement, l'Etat a soutenu la privatisation des banques commerciales par la vente de ses actions. L'Etat décida ensuite que le contrôle direct du système bancaire n'était plus efficace pour une rapide transformation d'une économie d'Etat vers une économie libérale. Troisièmement, sous les pressions internationales, venant plus particulièrement des Etats-Unis, l'Etat a accompli rapidement le processus de libéralisation. Depuis, la libéralisation a permis à des entreprises étrangères de venir s'implanter sur le marché intérieur engendrant un fort sentiment de crise de la part du capitalisme local.

En plus de ces mesures, l'Etat s'est livré à de nombreuses et importantes décisions pour stabiliser la structure économique afin de renforcer l'autonomie du capital privé. L'essentiel de cette politique de stabilisation avait trois aspects : (1) vaincre le ralentissement que le régime Chun avait provoqué avec l'ICL, (2) rationaliser les industries déclinantes, et (3) promouvoir l'industrie de haute technologie en tant que moteur principal des exportations des années quatre-vingt.

Il existe des points de vue contrastés à propos de l'action et des résultats de l'Etat. Il a été souligné que la stabilisation pour la restructuration industrielle des années quatre-vingt était basée sur un mélange d'initiatives relevant tant du capitalisme d'Etat que du capitalisme de marché.

Mais l'Etat reste un acteur important dans ce développement économique (Kim H-K, 1991). Une analyse radicale prétend que l'Etat a essayé de renforcer les fondements des politiques autoritaires et a ouvert la voie à un modèle d'« Etat fasciste » au travers de la vigoureuse et performante restructuration industrielle. L'Etat a mis l'accent sur une alliance conservatrice entre lui et le capital, ce qui est extrêmement difficile à contester pour la classe ouvrière (Kim, K, 1991).

Cet article est assez proche de la première évaluation mais a tenu compte de l'opinion des référés. Premièrement, la politique de stabilisation des années quatre-vingt a contribué à affaiblir de façon significative les faveurs relatives à l'intervention de l'Etat, même si cela a été initié et gagné par l'Etat. Inversement. Il en a résulté une arrivée des capitaux privés dans des secteurs industriels soumis au régime de la planification économique qui étaient exclusivement sous le contrôle de l'Etat. Deuxièmement, si la restructuration industrielle fut couronnée de succès, elle a contribué à accroître l'influence politique et économique du capital. Dans l'arène économique, la monopolisation a agi à un niveau sans précédent, générant une disparité et une segmentation à double tranchant sur les marchés des biens et du travail. Dans la sphère politique, le monopole du capital a pris place dans le processus d'établissement des politiques gouvernementales, au travers d'une alliance conservatrice entre l'Etat et le capital. Autrement dit, la privatisation a contribué à promouvoir la monopolisation dans tous les domaines. On peut dire que l'Etat a intentionnellement renoncé aux mesures interventionnistes pour le développement, confinant ses fonctions à la régulation dans le but d'améliorer l'environnement industriel et les infrastructures du capital privé. Cependant, les problèmes sociaux sont apparus parce que la régulation n'a pas fonctionné pour le bien-être économique et la liberté politique de la plupart des acteurs de la société civile.

2. La conformité d'un marché contre l'égalité : les conséquences sociales

Il a été souligné que les deux types de politique économique ont contribué à la croissance rapide du monopole du capital. Si la première politique fournissait d'énormes opportunités et une base institutionnelle pour le capital privé, la seconde a permis d'étendre le pouvoir du capital sur le marché. S'il n'y a pas une forte régulation par l'Etat sur les intérêts capitalistes en expansion, l'hégémonie du capital croît inévitablement aux dépends des politiques de redistribution. En totale contradiction avec de ce que les économistes classiques affirment sur l'avantage de la concurrence, comme le stigmatise les recommandations de la Banque Mondiale et du FMI, les politiques de stabilisation ont fréquemment conduit à l'aggravation des inégalités particulièrement dans une société autoritaire où le processus politique n'est pas contrebalancé par des groupes d'intérêts émanant de la société civile. Dans ce contexte, on peut dire que « les politiques de mise en conformité avec le marché sont contraires à l'égalité ». Des telles politiques sont au cœur de l'expérience coréenne. Cette partie, décrit l'aggravation de l'inégalité selon divers aspects : la concentration industrielle, la distribution des revenus, la politique du marché agricole, la politique de logement, la dégradation de l'environnement et le bien-être social.

2.1. *La concentration industrielle*

La restructuration industrielle a engendré sur l'économie nationale deux effets qui sont apparemment contradictoires : 1) entre les secteurs, cela a contribué, au travers de la maximisation, à stopper l'évolution de la productivité des autres secteurs économiques, comme le secteur agricole et les services ; 2) au sein de l'industrie manufacturière, cela a accru les disparités d'une part entre les industries modernes et traditionnelles et d'autre part entre les petites et les grandes entreprises.

Tableau 1 - La concentration industrielle
(en pourcentage)

Catégories	1963	1973	1978	1983
Grandes entreprises de plus de 500 salariés	72,0	402	643	574
Ratio d'ouvriers dans les grandes entreprises	22,0	43,7	43,9	37,3
Part de production des grandes entreprises	27,8	54,1	56,6	56,4
CR5 : Equipements	30,9	70,1	69,6	61,2
Métaux de base	20,8	74,3	62,0	69,1
CR3 : ensemble des industries		58,5	57,0	62,0
Part de la production des 50 plus grandes entreprises		32,9	35,0	36,6

Source : Kim, Hyung Ki, Monopoly Capital and Labor in Korea, p.189.

Quand nous nous intéressons aux effets d'ensemble sur l'économie nationale prise comme un tout, la restructuration industrielle contribue à la réduction des disparités économiques dans les secteurs primaire, secondaire et tertiaire. En d'autres termes, l'aplanissement des disparités entre secteurs a été couronné de succès en Corée. Seeghaas a proposé une homogénéisation des dettes comme explication du degré d'égalité entre les secteurs qui est calculé par l'écart des ratios entre la force de distribution agricole et celle de la distribution du PIB (Seeghaas, 1982). Un faible score indique un haut degré d'homogénéisation et donc « un développement avec égalité ». La Corée a réduit la disparité entre les secteurs de 58 à 30 au cours des trente années de croissance des exportations. Néanmoins, la Corée a été incapable de réduire les disparités au niveau atteint par le Japon et Taiwan.

Cependant, il doit être noté que le succès relatif dans la réduction des disparités entre secteurs est obtenu au détriment des disparités intersectorielles, particulièrement dans l'industrie. La Corée commence à surpasser le niveau japonais de concentration industrielle, à la fin des années soixante-dix. Le Tableau 1 montre divers indices concernant la concentration industrielle. Quelques points sont mis en valeur : le nombre des grandes entreprises employant plus de 500 personnes a atteint 643 en 1978, ce qui représentait 44 % du nombre total d'employés dans le secteur manufacturier. Quelles que soient les fortes fluctuations annuelles du nombre de firmes et du niveau d'emploi, l'importance économique des grandes entreprises est considérable : elles ont réalisé plus de la moitie de la production totale depuis 1973. Le ratio de concentration est considérable, particulièrement dans les industries manufacturières et métallurgiques. Dans ces industries, les cinq plus grosses entreprises représentent entre 60 et 70 % de la production totale (CR5 dans le Tableau 1). Dans tous les types d'industries, 50 à 60 % du total de la production sont attribués aux trois plus gros conglomérats (CR3 dans le Tableau 1) et plus de 30 % de la production totale est réalisée par les 50 plus grandes entreprises. Le tableau indique que la concentration industrielle s'est sensiblement accrue du fait de la restructuration industrielle.

En résumé, la restructuration industrielle a eu pour but de renforcer la production technologique intensive en deux étapes.

- Premièrement, par une consolidation des bases industrielles des industries stratégiques attribuées pour la plupart aux gros conglomérats. Le monopole du capital a été pleinement nourri par la protection étatique durant cette période.

- Deuxièmement, en mixant l'intervention excessive de l'Etat et l'accroissement de la dépendance aux mécanismes de marché. La mutation des méthodes de mise en conformité avec les marchés, faite par le gouvernement signifiait la fin de la régulation du capital. Le monopole du capital s'est développé sans contraintes dans les années quatre-vingt. Bien que les deux étapes de la restructuration industrielle contiennent des composantes politiques quelque peu différentes, elles ont toutes deux contribué au renforcement du monopole du capital et par conséquent à l'accroissement de la concentration industrielle en Corée.

2.2. *La distribution des revenus*

La Corée a été louée pour son « développement égalitaire », c'est-à-dire pour une croissance économique améliorant la distribution des revenus entre les différents groupes sociaux. Il a été généralement admis que la Corée, en comptant sur les emprunts à l'étranger, a soutenu les bas revenus durant la période de très forte croissance. La Corée peut donc être vue comme une exception à la thèse du « développement avec des inégalités ». Le Tableau 2 montre la tendance aux inégalités de revenus entre 1965 et 1988. Premièrement, le coefficient Gini qui est communément utilisé comme indicateur des inégalités, était de 0,344 en 1965 et il est resté en dessous de 0,4 tout au long de la période. Si on regarde avec plus de précision, le mouvement indique que l'inégalité des revenus s'est accrue avec persistance jusqu'au milieu des années quatre-vingt, mais a décru sensiblement dans la seconde partie des années quatre-vingt. Deuxièmement, par opposition à l'accroissement des inégalités, le ratio de la part des revenus entre les 20 % des plus riches et les 40 % des plus pauvres s'est sensiblement détérioré (troisième colonne, Tableau 2). Néanmoins, il n'est pas erroné de dire que le coefficient Gini dans une fourchette de 0,30 à 0,40 indique un niveau d'inégalité des revenus relativement faible par rapport aux standards internationaux.

Cependant, il doit être noté qu'un examen basé sur le coefficient Gini estompe plus qu'il ne révèle les inégalités, quand les données sur les revenus ne sont pas fiables. Les statistiques coréennes sur les revenus sont abondantes, mais le plus souvent inutilisables. Les données coréennes des revenus, si l'on s'en tient uniquement aux revenus réguliers après taxation, ignorent les rentes qui sont une source principale de la vie luxuriante des classes supérieures. L'importance des rentes se multiplie particulièrement quand la rapide croissance économique offre d'énormes opportunités pour l'accumulation de capital au travers de la spéculation foncière.

En effet, il n'est pas surprenant que lorsque la propriété des biens fonciers et financiers est examinée en termes d'inégalité, l'analyse soit radicalement différente. En même temps que l'inégalité de revenus est relativement faible comme le montre le Tableau 3, la propriété foncière et les biens financiers sont distribués de façon tellement irrégulière que le coefficient Gini croit soudainement au-dessus des 0,5. Quand l'inégalité est mesurée par la distribution des biens fonciers, par exemple, le coefficient Gini est de 0,561 en 1988. En outre, une enquête sur la propriété foncière rapporte que plus de 60 % des propriétés foncières étaient monopolisées par 5 % des ménages les plus riches dans les six plus grandes villes en 1988 (cf. Tableau 3). Par conséquent, l'indice traditionnel de la stratification sociale telle que la profession et le niveau d'instruction a peu à peu perdu sa pertinence théorique et empirique dans le contexte coréen, alors que la possession de logement et la propriété foncière jouent un rôle crucial dans la reproduction des classes sociales.

Tableau 2 - La distribution des revenus

Catégorie*	1965	1970	1975	1980	1985	1988
Plus de 20%	41,8	41,6	45,3	45,4	42,7	42,2
Moins de 40%	19,3	19,6	19,9	16,1	18,9	19,7
Ratio		1,61	1,93	1,89	1,97	1,85
Coefficient de Gini	0,344	0,332	0,391	0,389	0,345	0,336

Source : Economic Planning Board and KDI
*les 20% les plus élevés/ les 40% les plus faibles

Contrairement aux évaluations optimistes des observateurs étrangers, le mécontentement social, avec l'irrégulière distribution de la propriété foncière et des biens financiers, est devenu intense. Avec la montée en flèche du prix des logements, particulièrement ceux des co-propriétés et des appartements privés, l'angoisse se répand et une extrême méfiance envers le gouvernement se développe, occasionnant l'instabilité politique. Pour apaiser le malaise des inégalités, l'Etat a mis en place une politique redistributive avec « la révision sur cinq ans du Sixième plan de développement économique» (EPB, 1988). Toutefois, les idées progressistes du gouvernement ont été battues en brèche et bloquées par l'Assemblée Nationale. Il y a eu une forte résistance de la classe dirigeante à l'encontre de la tentative de l'Etat pour améliorer la redistribution et apaiser le mécontentement social. En résumé, la restructuration industrielle frustrait la vision d'un développement égalitaire.

Tableau 3 - La concentration de la propriété foncière dans les six plus grandes villes.

Catégorie	Ensemble	Séoul	Pusan	Taegu	Inch'ŏn	Kwangju	Taejŏn
Plus de 5%	65,2	57,7	72,3	72,6	64,2	55,7	65,1
Plus de 10%	76,9	65,9	81,4	82,4	77,8	69,4	76,4

Source : Korea Research Institute for Human Settlement, 1989.

2.3. *La politique de l'emploi*

L'émergence des capitaux privés est le moteur principal du marché du travail, mais aussi le résultat de la restructuration industrielle. Depuis les années de forte croissance sous le régime autoritaire, l'Etat a joué un rôle crucial dans la détermination de la structure des marchés de l'emploi, dans le sens où il a mis fin aux fonctions des institutions du marché du travail pour accroître la concurrence dans ces marchés (Song, 1989). Cela signifie que l'Etat a pratiqué des méthodes répressives pour faire fléchir la protection institutionnelle, en particulier à l'égard des travailleurs du secteur industriel. Par conséquent, les travailleurs, qualifiés ou non, étaient entièrement mis en concurrence par le biais du salaire sur le marché du travail (Thurow, 1975). Les travailleurs industriels en Corée appartiennent à un marché d'emploi sans force institutionnelle, dans lequel le mécanisme de tarification du marché est prédominant.

D'un point de vue comparatif, il y a quatre types de forces institutionnelles sur le marché de l'emploi : les lois pour un salaire minimum, les syndicats des travailleurs, les politiques publiques d'assurance et les marchés de l'emploi interne aux entreprises (cf. Fields 1982 ; Fields et Wan, Jr. 1986). Il doit être souligné que ces quatre forces institutionnelles ont été totalement absentes dans la classe ouvrière coréenne. L'absence de protection institutionnelle est facilement imputable aux politiques autoritaires qui ont tenté d'atomiser le travailleur individuel au lieu d'encourager son organisation en groupes d'intérêts. Cependant, avec les procédures de stabilisation, beaucoup d'importants changements sont apparus. Pour la période de 1972 à 1987, les syndicats d'ouvriers n'avaient pas le droit de conduire des négociations. Mais maintenant les travailleurs organisés en syndicat participent aux négociations, discutent les décisions concernant les conditions de travail. Des lois sur le salaire minimum ont été mises en place en 1988 et appliquées à toutes les entreprises, l'assurance maladie a été introduite en 1976 et étendue à tous les travailleurs en 1988. Et finalement les grandes entreprises ont réorganisé les règles administratives et les grilles de paiement de leur propre chef.

L'Etat fournit une protection institutionnelle de base pour les travailleurs. Cela ne signifie pas que l'Etat est devenu un vigoureux acteur dans la détermination des transactions du marché de l'emploi, mais qu'il a retiré son contrôle répressif et permis aux entreprises privées de décider elles-mêmes de leurs règles internes. Par conséquent, un marché de l'emploi interne aux entreprises a été initié. Les travailleurs qui étaient régis par des règles similaires d'homogénéisation du marché au delà des frontières des entreprises, sont désormais régis par des règles non homogènes du fait des facteurs structurels telles que l'industrie, la position et la taille des firmes. Les grilles de salaires et l'échelle de promotion se sont significativement diversifiées après que l'Etat se soit retiré du premier plan de la régulation du marché. Au contraire, les capitaux privés, c'est-à-dire les employeurs, sont devenus les maîtres du jeu en déterminant désormais les conditions d'accès à l'emploi. En définitive, cela s'est traduit par une segmentation du marché de l'emploi.

2.4. *La Corée : un « traînard » en matière de prestations sociales*

Bien que l'Etat ait fait un effort pour introduire les programmes d'assistance publique, à la fin des années quatre-vingt, la Corée est un *traînard* en la matière, au regard de la façon dont l'Etat a encouragé les politiques de restructuration industrielle au détriment de la distribution. Comme il a été décrit plus haut, l'absence de protection institutionnelle sur le marché du travail a renforcé la concurrence entre les travailleurs. L'Etat empêche à toute institution d'intervenir dans la détermination des conditions de l'emploi sur le marché du travail. Dans ce sens, il existe au niveau de l'intervention étatique, une étroite relation entre les règles autoritaires et les méthodes d'ajustement du marché.

Empruntant les termes de Marshall sur les droits sociaux, Esping-Andersen définit le système de prestations sociales comme le degré de « non marchandisation » (Esping-Andersen, 1990). Il soutient que le critère essentiel pour les droits sociaux doit être le degré auquel ils permettent aux gens d'obtenir leur niveau de vie de référence, indépendamment des forces pures du marché. Ce concept renvoie au degré auquel les individus ou les familles, peuvent soutenir un niveau social acceptable pour vivre indépendamment de la participation au marché. Dans les termes de cette conception, l'Etat coréen n'est pas un « Etat de prestation » pour sa main d'œuvre qui est entièrement exposée aux mécanismes du marché et sans aucune protection institutionnelle. Il y a deux raisons pour ce retard dans les programmes de délivrance des prestations en Corée. Premièrement, l'Etat est défavorable aux dépenses en matière d'assurance, car il met plutôt l'accent sur les ressources mobilisées et le capital accumulé pour encourager les industries stratégiques. L'Etat est resté fidèle à la politique d'effet d'entraînement de telle sorte que le développement économique contribue à améliorer les niveaux de vie. Deuxièmement, l'Etat a poussé les capitalistes à prendre en charge les services sociaux par le biais des mutuelles privées, système qui est profondément ancré en particulier en Asie de l'Est. En effet, les mutuelles des sociétés sont prédominantes en Corée, car elles fournissent à la plupart des salariés des avantages non négligeables tels que des aides financières pour le logement et des allocations familiales. Cependant, les programmes des mutuelles de ses sociétés bénéficient seulement aux cadres, les travailleurs des chaînes de production sont totalement exclus. Comparés au Japon, les systèmes mutualistes des compagnies coréennes ne touchent que la catégorie de la population située au sommet de la pyramide du marché du travail. Il est possible alors de dire que les fonctions du système de sécurité sociale gérées par des entreprises ne font qu'accroître les inégalités.

Ce phénomène est en harmonie avec la conclusion à laquelle a abouti l'étude conduite par le Ministère du Travail à propos d'un grand fossé prévalant dans la distribution des avantages de la sécurité sociale entre les classes sociales. Le rapport souligne que bien que 20 % des plus riches reçoivent 7000 *Wons* (environ 10 $ US dollars) par mois, les plus pauvres reçoivent 800 *Wons* (environ 1 $) en 1990. Cela équivaut à 0,4 % pour les 20 % les plus riches et à 0,2 % pour les 20 % les plus pauvres, de la moyenne des sommes gagnées (Ministère du Travail, 1991). Ceci signifie que l'implication collective renforce l'inégalité plutôt qu'elle ne la réduit. Le principe d'un *plus* pour le riche et d'un *moins* pour le pauvre est un élément de cette politique de bien être social coréen.

2.4.1. L'échec de la politique du logement : l'inflation

Le problème du logement en Corée se mêle à une forte tension sociale due à l'inflation et à la spéculation. En théorie, le développement économique a déclenché l'inflation, ce qui génère de nombreuses opportunités d'enrichissement. Quand opportunités illicites et corruption prévalent, les mécontentements sociaux augmentent contre les carences de régulation de l'Etat et souvent le manque de légitimité politique du régime autoritaire. Néanmoins, le but du gouvernement de faire une transition rapide vers une production de technologie-intensive par une restructuration est une réussite. Mais, c'est un échec du point de vue social. La croissance économique devrait sauvegarder une saine éthique de travail et un système de valeurs sociales.

Dans le but d'apaiser le mécontentement pour le problème de logement des classes pauvres, le gouvernement Rho a promis de limiter la croissance des prix des logements en amplifiant la construction d'appartements privés. Le gouvernement Rho a proclamé son intention de construire 2 millions d'appartements en 1992. Il a spécifié les règles d'achat de maisons privées. Cette politique d'offre a mis en évidence des méthodes conformes à un interventionnisme d'Etat. Celui-ci était convaincu qu'en augmentant l'offre, il limiterait la croissance du prix des logements. Cette hypothèse classique du marché n'a cependant pas fonctionné : les prix ont augmenté et les riches ont monopolisé le marché du logement. Les basses classes ont été graduellement spoliées de leur rêve tant « caressé » d'avoir leur propre maison. Elles ont continuellement souffert des fortes hausses des locations de logements et des achats de terrains. Le Tableau 4 décrit cette augmentation des prix en comparaison avec la croissance du PIB et l'inflation. Le Tableau 5 indique le nombre de propriétaires dans les grandes villes.

Tableau 4 - L'accroissement des prix des terrains et des locations PNB et inflation

Catégorie	1975 (A)	1980	1985	1987(B)	B/A
Terrain	100,0	328,1	533,5	656,5	6,5
Location	100,00	355,3	397,0	400,8	4,0
PNB	100,00	174,4	210,8	275,4	2,8
Inflation	100,00	224,3	289,0	363,9	3,6

Source: Economic Planning Board, 1990.

Tableau 5 - Le pourcentage de propriétaires dans les grandes villes

Villes	Séoul	Pusan	Taegu	Inch'on	Kwangiu	Taejon
%	58,7	55,4	53,6	59,8	52,4	55,3

Source : Korean Research Institute for Human Settlements. A Plan for Introduction of Public conception of Land, 1989.

2.4.2. Absence de protection de l'environnement et augmentation des effets de pollution

Lorsqu'un pays connaît une industrialisation rapide et que celle-ci ne s'accompagne pas des mesures visant à remédier à la dégradation de l'environnement, la destruction causée sur celui-ci menace non seulement la vie quotidienne en zone rurale et urbaine, mais réduit également l'effort national du développement économique. La Corée est l'exemple même d'un développement économique sans politique environnementale. Cela n'est plus le cas à compter de 1988, depuis que l'Etat a réorganisé le Ministère de l'environnement. En Corée, la destruction de l'environnement s'est fortement accélérée durant l'ICL des années soixante-dix lorsque les industries pétrochimiques rejetant des gaz toxiques avaient été transplantées du Japon et des Etats-Unis. Il est notoire que les pays avancés sont très prudents vis-à-vis des industries toxiques et qu'ils cherchent généralement à les délocaliser vers les pays moins développés pour bénéficier d'une main d'œuvre bon marché. La tragédie qu'a connue la ville de Bhopal en Inde en 1984 montre jusqu'où les pays sous-développés comme l'Inde, ont été poussés à acquérir des industries toxiques et comment ils ont vécu l'expérience d'une catastrophe industrielle. Il n'y a pas de doute non plus que le cas de l'accident de la station de Tchernobyl en Ukraine soit la pire tragédie industrielle que le monde moderne n'ait jamais connue. Malheureusement, ces industries toxiques se trouvent aussi en Corée. Le problème s'aggrave lorsque des industries toxiques sont opérationnelles sans même avoir bénéficié d'un système de protection de l'environnement. Récemment, trois types de pollution ont attiré l'attention nationale : les pollutions de l'eau courante, des ressources côtières et de l'atmosphère.

Au mois de mars 1991, la nation coréenne toute entière a été horrifiée par une histoire épouvantable : une entreprise de production électronique a déversé secrètement dans le fleuve des déchets non traités. Malheureusement, les deuxième et troisième villes de Corée (Taegu et Pusan) sont totalement dépendantes de ce fleuve pour l'alimentation en eau de leurs habitants. Les conséquences ont été dramatiques : avortement, désastres écologiques, manque d'eau potable.

Le deuxième exemple concerne la pollution des ressources côtières engendrée par la récupération des terres : le drainage d'eau émanant des terres récupérées a augmenté la salinité et a accru l'érosion des terres et détruit en même temps les zones côtières ruinant l'économie des villages côtiers, fondée sur la pêche. Il est tragique que beaucoup de villages de pécheurs et de ports soient maintenant laissés à l'abandon avec des navires épaves.

La troisième illustration est la pollution atmosphérique dans les villes industrielles où l'air est pratiquement irrespirable et cause de migraines et vomissements du fait de polluants dangereux et de mauvaises odeurs. Des grandes villes comme Inchon, Séoul et Pusan sont très polluées. En mai 1991, un couple de travailleurs est mort sur son lieu de travail, après avoir respiré du gaz toxique, le « Wonjin Rayon », un composant de soie artificielle. Cet accident a provoqué un tollé contre la direction, puis contre l'absence de contrôle des entreprises privées de la part du gouvernement. Depuis, l'intérêt de l'environnement s'est accru sur l'ensemble du territoire. Cependant, un nouveau problème a fait son apparition : l'absence de contrôle gouvernemental sur les capitaux privés. Il semble que les contrôles de l'Etat ont rapidement déclinés alors que les capitaux privés ont étendu leurs pouvoirs dans les domaines politique et économique. La Corée illustre un cas où toutes les ressources sont mobilisées pour accélérer la croissance économique, aux dépens des valeurs et des autres problèmes de la société. La protection de l'environnement n'était pas aussi urgente pour les politiciens et les entrepreneurs capitalistes que ne l'était l'expansion de la capacité de production. La protection de l'environnement coûte très cher, ce qui en d'autres termes conduit à une réduction des profits. L'alliance entre l'Etat et les capitalistes consolide l'intérêt de la classe dirigeante pour la maximisation du profit. Le lien politique qui les unit, permet aux décideurs publics de réduire l'impact du contrôle de l'Etat sur les capitaux privés. La corruption empêche la mise en place de mesures correctives. En conséquence, la pollution de l'environnement s'accroît et présente un danger réel pour l'ensemble de la population.

2.5. *Une démocratisation contrariée : la répression politique*

Il est bien connu que la croissance très rapide de la Corée a été soutenue par les autorités politiques. Sachant cela, le cas de la Corée semble répondre à l'analyse optimiste de Lipset selon laquelle le développement économique améliore les chances de l'établissement de la démocratie (Lipset, 1961). Mais, l'année 1987 fut un tournant pour la démocratisation en Corée. L'Etat a géré avec succès la crise du régime en utilisant une stratégie d'adaptation qui réussit à apaiser les mécontentements sociaux et à affaiblir le radicalisme des travailleurs. Il y a beaucoup de facteurs qui peuvent expliquer pourquoi les Coréens n'ont pas réussi à renverser le régime autoritaire pendant la période dite de l'*Abertura*. Parmi les nombreux facteurs, le plus important est celui provoqué par les clivages politiques qui se sont beaucoup développés entre les groupes sociaux durant la période des régimes autoritaires. Les votants étaient divisés en de multiples factions d'intérêts basées sur des attaches régionales qui ont également conduit à une dilution de l'opposition. De plus, le parti dirigeant a fait usage de l'idéologie anti-communiste et anti-travailliste dans le but de mobiliser un soutien de la part des classes moyennes qui ont montré une grande préférence pour la stabilité économique et politique. Le gouvernement Rho a rapidement amélioré les clivages institutionnels pour mettre fin à l'*Abertura* politique et s'est finalement détourné de règles trop strictes. Contrairement aux précédents régimes autoritaires, le régime de Rho assouplit le dispositif en permettant, dans certaines limites, l'opposition politique.

Cependant, cet aménagement du régime de Rho ne remet pas en cause les approches antérieures prévalant entre le contrôle des classes laborieuses et le développement économique rapide. Les relations industrielles montrent qu'il n'y a pas de différence entre ce régime et les précédents.

2.5.1. Une volonté à travailler ?

Il est admis que les Coréens sont de durs et courageux travailleurs. Les érudits étrangers prêtent attention aux valeurs confucéennes qui inciterait les travailleurs à regarder leurs entreprises comme des familles, dans le but d'une harmonie sociale et d'une coopération d'équipe. Vogel met l'accent, dans ses recherches, sur le contexte culturel du miracle japonais, sur le fait que les fonctions de l'idéologie familiale pour encourager les travailleurs à mettre en avant les profits de l'entreprise, est plus importante que l'intérêt individuel (Dore, 1973 ; Vogel, 1979). La Corée, cependant, diffère du Japon sous plusieurs aspects : premièrement, les employeurs se comportent comme des chefs de famille, mais sont moins enclins à être généreux envers leurs employés ;

deuxièmement, les employeurs demandent beaucoup de travail avec des salaires non proportionnels. Du point de vue de l'employé, cela est perçu comme un moyen de l'exploiter sans disposer d'aucun droit et l'attachement aux entreprises reste superficiel. En vérité, l'Etat se sert de l'idéologie du paternalisme industriel pour légitimer « un système de bas salaires et de longues heures de travail ». Ce système a été amélioré par la stratégie de l'Etat : croissance d'abord, distribution plus tard. Dans ce sens, les relations industrielles coréennes sont caractérisées, non par le paternalisme industriel, mais par « l'autoritarisme patriarcal» (Song, 1991). De ce fait, les travailleurs étaient découragés et l'esprit du travail s'est rapidement dégradé dans les usines et les entreprises.

2.5.2. Le système coréen du travail : les mécanismes du marché contre les mécanismes corporatifs.

Depuis que le contrôle autoritaire du travail est devenu commun aux entreprises d'Asie de l'Est, il a été souvent soutenu qu'il y a une affinité structurelle entre la stratégie de promotion de l'exportation et la répression du travail (Deyo, 1989, Deyo, Haggard and Koo, 1987; Gereffi et Wyman, 1990). Cet argument est surtout vrai en ce qui concerne la Corée qui a accompli un changement radical vers la répression autoritaire avec l'intense industrialisation de 1972. La répression effectuée par l'Etat a tellement bien fonctionné, que les travailleurs organisés en syndicat ne peuvent pas élever leurs voix pour protéger leurs droits. Cependant, le soulèvement des travailleurs de 1987 était un tournant pour la politique de la classe ouvrière coréenne. L'Etat a renoncé à utiliser des armes répressives, et les patrons, abrités derrière l'Etat, ont commencé à mettre en place des réformes organisationnelles pour calmer les travailleurs mécontents. En règle générale, cependant, le système de la répression du travail n'a pas réellement changé.

Pris sous un angle comparatif, il y a deux sources de répression du travail en liaison avec la nature et la structure du pouvoir d'un régime autoritaire : les mécanismes du marché et ceux des corporations (Valenzuella, 1988). Les mécanismes du marché sont orientés pour affaiblir les travailleurs en s'appuyant sur l'atomisation des travailleurs individuels et sur l'exclusion des groupes de travailleurs organisés à la participation politique. Cette organisation des mécanismes du marché règne dans les entreprises d'Asie de l'Est, avec certaines variations. Le système du travail en Corée peut être qualifié de répressif. De façon particulière, le fonctionnement des corporations est orienté pour affaiblir les travailleurs en associant les syndicats et le travail organisé à la sphère politique. Dans cette organisation, l'Etat s'empare d'importantes fractions de la classe ouvrière en fournissant des subventions et des avantages sociaux. Les associations sont permises. Un système d'*incitations* et de *contraintes* fait apparaître les « *give-and-take politics* » (Collier, 1980). La plupart des sociétés latino-américaines appartiennent à cette organisation de la répression du travail, mais avec certaines variations.

Conclusion : réflexions sur l'expérience coréenne.

Notre discussion a mis l'accent sur les conséquences sociales et politiques d'une restructuration industrielle en Corée. La Corée a été félicitée par les spécialistes étrangers pour la réussite de l'application des politiques d'ajustement des structures industrielles. Cependant, cette évaluation, qui a l'intention de tirer des leçons pour l'adaptation de cette politique dans d'autres lieux, tend à exagérer ce que la Corée a réussi et ignore ce que la Corée a sacrifié dans la course au succès. Il y a deux approches du miracle coréen.

La première met l'accent sur le capitalisme d'Etat, dans lequel un Etat fort est entièrement en mesure de soutenir des politiques axées sur la croissance économique. A cet effet, il s'appuie sur des technocrates charismatiques fortement instruits qui conduisent la machine économique comme la planification économique à poursuivre ses objectifs. Cependant, le capitalisme d'Etat décroît singulièrement, et le rôle interventionniste de l'Etat est entrain de changer, passant des fonctions de développement vers des fonctions de régulation. Bien que ce changement ne soit pas encore complet, l'influence des entreprises privées sur l'économie nationale est entrain d'augmenter remarquablement. Cela indique que le secteur privé émergera comme locomotive dans un proche futur.

La seconde s'appuie sur les héritages culturels tels que les valeurs du confucianisme incluant l'idéologie de la famille et l'éthique du travail. MacFarquar soutient qu'il y a une affinité sélective entre le confucianisme et la modernisation, exposant mérites et vertus à la version moderne du confucianisme, un post-confucianisme (MacFarquar, 1970 ; cf. Friedman, 1988). A la différence du Japon, cependant, il est difficile de nier que le paternalisme industriel ne soit qu'une transposition de l'autorité coréenne. Les travailleurs n'aspirent pas à un travail dur et les employeurs accusent les travailleurs de devenir paresseux. Lorsque l'on voit à quoi les travailleurs ont survécu jusqu'ici, on doit admettre que cette assertion est injuste et déformée. De nombreux conflits et de violentes disputes se sont déclenchés, les travailleurs ont abandonné la conscience de l'entreprise au profit d'une conscience de classe.

L'approche culturelle ne peut expliquer pourquoi les travailleurs sont devenus violents.

Cette analyse a concentré son analyse sur les aspects sombres du « miracle coréen » en expliquant que les politiques pour la restructuration industrielle vue au travers de l'ICL et de l'ASI ont été des politiques contrevenant à un développement égalitaire. Cependant, les politiques liées à la restructuration industrielle ont provoqué des changements importants :

- premièrement, le capitalisme d'Etat s'est effacé progressivement en abandonnant un rôle d'intervention vigoureuse contre celui de régulateur institutionnel pour la consolidation des infrastructures.

- deuxièmement, le capital privé s'est substitué à l'Etat en tant qu'acteur principal du développement économique. Le monopole du capital privé s'est développé si vite que cela a renforcé la segmentation des marchés des biens et du travail.

- troisièmement, la dépendance grandissante des mécanismes du marché soutient la croissance du monopole du capital, mais affecte la capacité du gouvernement à imposer des politiques d'équité. De plus, l'Etat devient le spectateur du mécontentement social grandissant avec l'aggravation des inégalités.

Qui bénéficie de la restructuration industrielle et quels sont les avantages et les désavantages de cette restructuration ? Sans aucun doute, elle a contribué à l'amélioration du niveau général de vie. Cependant, l'impact des effets diffère d'une classe sociale à l'autre : les classes moyennes et supérieures sont les principales bénéficiaires. La classe inférieure en est exclue, celle-ci comprenant les paysans, les citadins pauvres et la classe ouvrière. En outre, cette classe des exclus a souffert de la hausse des prix des logements et des terres, bref de l'inflation. La restructuration industrielle renforce donc l'exclusion de la strate sociale inférieure. En conséquence, le mécontentement social s'est accru radicalement. Les conflits se sont intensifiés avec l'aggravation de l'inégalité. Malheureusement, l'Etat coréen s'est appuyé sur des méthodes répressives pour anéantir la contestation politique venant des classes inférieures.

Bibliographie

Ouvrages

- Amsden, Alice (1990) "*Next Asia's Giant*", Oxford, Oxford University Press
- Bhagwati, Jagdish (1978) "*Anatomy and the Consequences of Exchange Control Regimes*" Cambridge Ballinger Publishing Company
- Choi, Byung-Sun (1987) "*Institutionalizing a Liberal Economic Order in Korea: the Strategic Management of Economic change*" Ph. D. Dissertation, Harvard University.
- Collier, Ruth (1980) "*Inducement versus Constraints: Disaggregating Corporation*" Institute of Industrial relations, Berkeley, University of California.
- Deyo, Frederic C. (1989) "*Beneath The Miracle*" Berkeley, University of California Press.
- Deyo, Frederic C., Stephan Haggard, and Hagen Koo (1987) "*Labor in the Political Economy of East Asian Industrialisation*" Bulletin of Concerned Asian Scholars, 19 (2).
- Dore, Ronald (1973) "*British Factory-Japanese Factory*" Berkeley, University of California Press.

- ESCAP (1990) "*Challenges and Opportunities of Restructuring the Developing Escap Economies in the 1990s, with Special reference to Regional Economic Cooperation*"
Esping-Andersen, Goesta (1990) "*The Three Worlds of Welfare Capitalism*" Princeton University Press.
- Fields, Gary (1982) "*The Labor Market and Export-Led Growth in Korea, Taiwan, Hong Kong, and Singapore*" Seoul, Korea Development Institute.
- Fields, Gary and Henry Wan, Jr. (1986) "*Wage-Setting Institutions and Economic Growth*" mimeo. Cornell University.
- Friedman, David (1988) "*The Misunderstood Miracle: Industrial development and political Change in Japan*" Ithaca, Cornell University Press.
- Gereffi, Gary, and Donald Wyman (1990) "*Manufacturing Miracles*", Princeton University Press.
- Haggard, Stephan (1986) "*The Newly Industrializing Countries in the International System.*" World Politics, 38 (January)
- Johnson, Chalmers (1982) "*MITI and the Japanese Miracle*" Stanford, Stanford University Press.
- Kim, Hyung Ki (1989) "*Monopoly Capital and Labor in Korea*" (Korean), Seoul, Kkach'i publishing Co.
- Kim, Hyung Kuk (1991) "*Interaction between Government Strategy and Private Enterprises in Industrial Structural adjustment*" In An, Chong Si (ed), A Study on Korea's Political Economy (Korean), Seoul, Popmunsa.
- Kim, Kyun (1991) "*Industrial Restructuring and Capitalism in the 1980s in Korea*" Korea Association for Social and Economic Studies (ed), The Understanding of Korea's Capitalism (Korean), Seoul, Hanul.
- Krueger, Ann O., et al. (1978) "*Liberalization Attempts and Consequences*" Cambridge/ Ballinger Publishing Company.
- Lipset, S.M. (1961) "*Political Man: The Social basis of Politics*" Baltimore, The johns Hopkins University Press.

- MacFarquhar, R. (1980) "*The Post- Confucian challenge*" The Economist
- O'Connor, James (1973) "*The Fiscal Crisis of the State*" New York, St Martin's Press.
- Seeghass, Dieter (1982) "*Von Europa Lernen*" Suhrkamp.
- Song, Ho Keun (1989) "*State and the Working-Class Labor Market in South Korea, 1961-1987*" Unpublisheed Ph. D. Dissertation, Department of Sociology, Harvard university.
- Song, Ho Keun (1991) "*Working-Class Politics and Market in South Korea*" Seoul, Naman.
- Thurow, Lester (1975) "*Generating Inequality*" New York, Basis Books.
- Valenzuella, Samuel (1988) "*Labor Movements in Transition to Democracy: A Framework for analysis*" Paper presented at the conference on the labor movement and redemocratization, Kellog Institute, University of Notre Dam
- Vogel, Ezra (1979) "*Japan as Number One*" New York, Harbert Torch Books.

Documents statistiques

Economic Planning Board, Social Indicator in Korea 1988.
Economic Planning Board, Social Indicator in Korea 1990.
Economic Planning Board, Economically Active Population Survey, annual.
Ministry of Labor. Yearbook of Labor Statistics, 1980, 1988, 1991.
Ministry of Science and Techonology. Yearbook of Technology and Science. 1998.
World Bank. World Development Report 1990.

Le rôle du gouvernement dans la gestion de l'économie

Les leçons à tirer des expériences coréennes[3]

JWA SUNG-HEE

Cet article tente d'éclairer la question du rôle que le gouvernement devrait assumer afin de promouvoir le développement économique durable conduit par les initiatives du secteur privé.

La question du rôle du gouvernement dans la gestion de l'économie est, au fond, une question sur la gestion de l'économie, encadrée par le gouvernement et les secteurs privés, il peut être imputable au débat concernant la possibilité d'une approche socialiste durant la première partie du XXème siècle. Par conséquent, cet article passe brièvement en revue les débats sur le rôle du gouvernement et du marché, en commençant par le débat sur les approches socialistes pour glisser vers les récentes discussions sur l'attrait de la conduite, par le gouvernement, d'une stratégie

---

3 **JWA Sung-Hee** " *The role of Government in Economic Management: Korea's Experience and lessons*" pp. 5 - 14, **Korea Journal**, Vol. 37, N° 4 Winter 1997

de développement économique. Cet article indique que les débats sur le rôle du gouvernement peuvent, en fin de compte, être réduits à la question du marché contre l'échec gouvernemental, mais que l'échec du marché a poussé plus loin l'intervention active du gouvernement. Cependant, cet article fait aussi la lumière sur le fait que l'échec du marché est, dans la plupart des cas, le reflet de la défaillance des institutions qui est, à son tour, une autre forme d'échec gouvernemental.

Ensuite, cet article tire les leçons des expériences coréennes dans la conduite gouvernementale du développement économique de ces dernières trente années, en passant en revue les modèles politiques, en définissant leurs caractéristiques et, pour les plus importantes, en énonçant en détail leurs héritages. Cet article argumente comment dans le futur une telle intervention sera inévitablement infructueuse, à cause de la taille et de la complexité de l'économie coréenne. Cette intervention a désormais atteint un point où la supériorité de l'information du gouvernement sur le secteur privé ne peut plus être garantie.

Enfin, cet article fournit un cadre de base pour l'évaluation du rôle optimal du gouvernement dans un contexte général. Cela se fait par l'évocation de la philosophie d'Hayek pour l'interprétation de la compétition dans le marché comme processus amenant des solutions optimales aux problèmes de l'affectation des ressources économiques. Cet article conclut que le gouvernement devrait être confiné à la préservation de la spontanéité et de l'endogénéisation de l'ordre du marché et à la culture d'un environnement meilleur pour le travail. Le gouvernement a besoin de déterminer les variables exogènes pour l'organisation du marché, laissant de côté la détermination des variables endogènes.

1. Les débats sur le rôle du gouvernement : une vue d'ensemble

Le rôle du gouvernement dans la gestion de l'économie est une question pérenne, mais toujours non résolue. Le débat, commencé au début du XXème siècle (1920-1940), plus particulièrement dans le contexte d'approches socialistes, a été conduit par Ludwig Von Mises, Oscar Lange, Friedrich Hayek et l'école autrichienne.

Mises développait que la gestion rationnelle de l'économie dans une économie socialiste est impossible à cause de la non-existence des mécanismes du marché et des prix. Lange s'opposait à Mises en mettant en exergue le concept de socialisme de marché. Selon O. Lang, le plan central pouvait être un substitut aux mécanismes du marché et des prix, en jouant à la fois le rôle de coordinateur des ressources décentralisées et d'allocation de ces ressources. L'objectif de Lange était la recherche d'une répartition optimale ou la découverte d'un vecteur d'équilibre des prix au travers d'un mécanisme d'essais-erreurs ou d'un processus d'approximations successives. Plus tard, Hayek (1948) rejoignit cette idée et contribua à l'ascension de l'école autrichienne autant qu'au développement du concept de compétition par le marché et à la découverte du processus dynamique que joue ce marché. Bien que Hayek ait reconnu la possibilité théorique du calcul économique par un planificateur central dans une économie socialiste, il doutait qu'un tel système puisse être réalisable du fait des besoins excessifs en information. Dans le monde « Hayekien », aucun système conçu par l'homme n'est capable de définir les résultats optimaux de distribution des ressources sans une dynamique de compétition.

Dans les années 1940 et 1950, les débats sur le rôle du gouvernement dans la gestion de l'économie ont tourné autour du désir d'une économie mixte et d'un Etat-Providence. La Grande Dépression des années 1930 a jeté le doute quant à la fonction de coordination automatique, spécialement celle de coordination macro-économique d'une économie capitaliste de libre marché. Pour remédier aux échecs du marché à un niveau macro-économique, notamment en ce qui concerne le phénomène de l'emploi, on a pensé que l'Etat devait intervenir. Par conséquent, cela a donné du poids à l'argument d'une économie mixte favorisant la présence d'un Etat-Providence. Ironiquement, ce nouvel argument pour l'intervention de l'Etat sur un plan macro-économique a également été renforcé par le développement de la théorie de la planification socialiste, planification qui était venue à la rescousse du débat précédent sur la possibilité d'un calcul économique.

Cependant, l'intervention macro-économique du gouvernement, incluant des réglages des politiques macro-économiques pour maintenir une production stable et une croissance de l'emploi, s'est avérée inefficace pendant les divers chocs macro-économiques des années soixante-dix et quatre-vingt (tels que le choc pétrolier et les mauvais ajustements des taux de change). Ces expériences ont contribué en retour à un environnement favorable au renouveau d'une tradition libérale : néolibéralisme conduit par Hayek (1984a, 1984b, 1989), naissance de l'école des choix publics sous la houlette de J. M. Buchanan et mouvement de « conservatisme politique » conduit par Mme Thatcher. Récemment, la déréglementation et la libéralisation du secteur privé sont devenus le noyau des réformes économiques dans les pays les plus développés et l'importance d'une perspective à long terme dans la construction d'une politique macro-économique, telle qu'une politique monétaire selon Milton Friedman, a été de nouveau remise en selle. En s'appuyant sur cette approche de la nouvelle école classique, on admet désormais que les échecs du gouvernement ne sont pas dus seulement à la demande d'une information excessive comme dans le cadre Hayekien, mais également à la nature inhérente de la définition des intérêts personnels par les agents gouvernementaux, comme dans le cadre du modèle de choix public de Buchanan.

Un nouvel et intéressant débat sur le rôle du gouvernement dans le développement de l'économie est apparu. Ce débat est à l'origine de quelque chose de différent, par rapport aux débats précédents. En effet, le gouvernement, dans une économie capitaliste de marché et sous-développée, peut par son intervention améliorer l'efficacité du marché dans la mobilisation et l'allocation des ressources et, de cette façon, accélérer le développement économique ; cette question est devenue l'un des points majeurs du débat. Pour cette raison, il s'est concentré sur le discernement des degrés relatifs de responsabilité entre les échecs du marché et ceux des gouvernements.

Observant le succès remarquable du développement économique en Asie de l'Est dans des pays comme le Japon, la Corée, Taiwan et d'autres nouveaux venus, les partisans de la vision néoclassique insistent sur le fait que la mise en place d'un Etat de droit est la plus importante leçon pour le développement de politiques économiques, apprise de l'expérience Est asiatique. Il en résulte que le gouvernement doit fournir un environnement macro-économique stable et une structure légale pour promouvoir la concurrence au niveau national et au niveau international. Une intervention minimale avec un degré moindre de distorsion relative des prix est une nécessité. Selon les observateurs, les économies asiatiques ont plus bénéficié des stratégies soutenues par le gouvernement plutôt qu'induites ou découlant directement des logiques du marché.

D'un autre coté, un groupe d'économistes appelés *révisionnistes* voient une plus grande signification dans d'autres aspects de l'histoire du succès de l'Asie de l'Est qui sont passés relativement inaperçus aux yeux des libéraux. Ainsi, ils soutiennent que les gouvernements d'Asie de l'Est ont effectivement impulsé plutôt que simplement collaboré au marché. Ils ont également soutenu que l'Etat, pendant la dernière période d'industrialisation, a délibérément mis en place de faux prix dans le but de créer des opportunités d'investissements profitables (Amsden, 1989, 13). Ils ont mis en lumière l'existence d'échecs du marché dans le développement d'économies n'ayant pas réellement de marchés pertinents, mais où prédominent les imperfections de ce marché. Et ils ajoutent le rôle positif et utile du gouvernement pour remédier à ces échecs. En somme, selon ces économistes, les marchés échouent dans la conduite de l'attribution des ressources pour une plus grande croissance dans l'ensemble de l'économie. Amsden, l'un des *révisionnistes* les plus en vue, suggère même que la stabilité macro-économique devrait être sacrifiée si la Banque Centrale doit supporter des industries jugées prioritaires. Selon Amsden, « quel que soit la relation théorique entre l'inflation et l'investissement, en pratique, à la fin des années soixante-dix, l'inflation a accompagné l'industrie lourde coréenne avec la bénédiction de l'Etat. La poursuite d'une croissance rapide n'a pas été limitée par l'intérêt d'une stabilité des prix (Amsden, 1980, 100).

Récemment la Banque Mondiale (1993) a donné une réponse à l'argument des *révisionnistes,* se faisant elle a confirmé à nouveau une vérité simple : « Pour que les interventions puissent tenter de guider l'allocation des ressources et réussir, elles doivent prendre en compte les échecs dans les rouages des marchés. Autrement dit, les marchés assureraient la fonction d'allocation de manière plus efficace (La Banque Mondiale 1993, 11) ». Cet argument insiste également sur le fait que la stabilité macro-économique est la condition la plus importante requise pour un bon niveau de développement économique.

En somme, le récent débat sur le rôle du gouvernement dans le développement économique semble être centré autour de l'ampleur des échecs du marché par rapport aux échecs des gouvernements. A cet effet, il peut être utile de souligner un point de vue important qui est le suivant : un échec du marché reflète généralement la défaillance du gouvernement à instaurer des institutions adéquates et appropriées. Mais l'échec du marché, du fait de ses propres caractéristiques, ne peut être considéré comme une raison justifiant une intervention directe du gouvernement. Le gouvernement devrait plutôt essayer d'introduire des institutions appropriées comme, par exemple, un environnement stable permettant de favoriser de meilleures performances économiques (Vanberg 1991, 179). De plus, dans la plupart des cas d'échecs apparents du marché, il ne devrait pas passer inaperçu que la régulation gouvernementale ou son intervention répétée dans l'économie, est généralement l'une des causes majeures de l'échec.

2. Les expériences de la Corée

2.1. *L'organisation de la gestion de l'économie*

La Corée a remarquablement réussi à atteindre une forte croissance économique durant les 30 dernières années. Son processus de développement économique durant cette période a été généralement décrit comme résultant d'une stratégie de « promotion des exportations ». La prise de décision du gouvernement a été activement impliquée dans presque tous les aspects importants de l'économie et le secteur privé a suivi les signaux donnés par le pouvoir. L'ordre induit par le gouvernement a souvent pris le pas sur l'ordre spontané du marché.

Dans ce contexte d'utilisation maximum des ressources économiques, le processus du développement économique entraîne habituellement deux problèmes interdépendants de l'utilisation des ressources. L'un porte sur la capacité à mobiliser les ressources économiques, et l'autre sur celle à allouer les ressources économiques mobilisées. Concernant l'allocation des ressources économiques, il y a eu une discussion animée sur le degré optimal de l'intervention du gouvernement. Le consensus semble être que l'ordre du marché est supérieur en général à l'intervention du gouvernement dans l'allocation de ressources, excepté dans des cas spéciaux appelés « échec du marché ». Cependant, il est difficile de résoudre la question de l'étendue de l'intervention et comment celle-ci doit s'exercer pour promouvoir au mieux l'attribution des ressources pour le développement économique, ce qui, bien sûr, a été longtemps un sujet de débat.

En allouant les ressources, le gouvernement coréen intervenait directement au niveau microéconomique au travers des politiques discriminatoires, telles que celles favorisant un secteur, un groupe ou certains agents économiques. Le gouvernement contrôlait l'attribution des ressources financières par la régulation des taux d'intérêt et des activités d'emprunts auprès des institutions financières. Dans les premières périodes du développement, jusque dans les années soixante-dix, d'importants groupes d'hommes d'affaires et des grosses industries chimiques furent favorisés. Mais maintenant les petites et moyennes entreprises obtiennent également les faveurs du gouvernement ainsi que les conditions de compétitivité du marché afin de servir au cadrage de procédures visant à la prise de décisions importantes touchant les activités dans lesquelles d'une part, les grands groupes pourraient s'engager et pour les quelles d'autre part, les institutions financières apporteraient les crédits pour ces activités. Le gouvernement a lui-même repris son comportement. Car dans les années récentes, l'intervention directe du gouvernement sur les décisions privées a provoqué des effets négatifs et irréparables dans la façon de penser des décideurs vis-à-vis du rôle du marché.

Par ailleurs, à propos de la mobilisation des ressources, peu d'attention a été portée sur les possibles effets d'un rôle actif récurrent du gouvernement. Les politiques macro-économiques telles que les politiques monétaires et fiscales et même les taux de change ont été « mobilisés » comme instruments visant à supporter le développement économique, érodant ainsi leur rôle de stabilisateur macro-économique. Les faibles taux d'intérêts, base de la création de monnaie, et tous les instruments de la fiscalité et des politiques de dépenses budgétaires tendent à être utilisés pour supporter la politique d'emprunts des grandes firmes. La gestion du taux de change tend aussi à être infléchie par le souci de la promotion des exportations.

Trouver les moyens pour mobiliser les instruments de politiques macro-économiques disponibles afin de supporter le développement économique, devient la préoccupation dominante bien davantage que la recherche des moyens permettant d'améliorer la stabilité de l'économie.

Globalement parlant, il peut être dit que la Corée n'a pas été l'exception en accentuant le rôle actif du gouvernement dans la mobilisation des ressources bien que son niveau d'implication a, bien sûr, fluctué durant cette période de développement au cours des différentes phases. Dans ce processus, la Corée afficha un comportement très curieux dans sa gestion macro-économique. Pendant que l'économie était sujette à la pression inflationniste provenant de l'expansion du crédit résultant d'une préoccupation majeure pour la mobilisation des ressources, les instruments de politique monétaire, tels que le contrôle de la monnaie de base, devinrent inopérants. Comme résultat, le contrôle directs sur les prix devint important, même sur les activités économiques privées, finissant par apparaître comme l'instrument principal pour maintenir la stabilité macro-économique.

En effet, la crise a poussé vers une réforme du système de la gestion économique. L'économie de la Corée devient progressivement plus ouverte et mieux intégrée à l'économie mondiale notamment grâce à la libéralisation financière incluant la libre circulation des capitaux.

Connaissant une ouverture croissante, la Corée ne pourra plus continuer à baser sa politique macro-économique sur des régulations directes. En outre, la globalisation et la disparition des frontières de l'économie mondiale tendront à limiter la faisabilité du contrôle du gouvernement sur l'économie intérieure et le gouvernement finira par adopter un système économique reposant sur la loi du marché. La globalisation encouragera également une haute mobilité internationale des agents économiques et des ressources comme les entreprises, les capitaux et les autres facteurs économiques. Cela implique qu'une politique économique de régulation ou une politique discriminatoire deviendront inefficaces parce que les agents et les ressources économiques, sujets à un traitement injuste, iront simplement ailleurs. Par conséquent, la politique économique devra être basées sur les mécanismes du marché selon une approche non discriminatoire.

2.2. *Caractéristiques de la gouvernance menée par la gestion économique*

Tandis qu'il est généralement accepté que le gouvernement Coréen ait joué un rôle décisif dans le développement économique réussi des trente dernières années, il ne faut pas oublier qu'il est très difficile de définir précisément le concept de gouvernance basée sur la gestion économique. Dans cet article, ce concept est approximativement et globalement défini. Un régime de gouvernance menée sur la gestion économique est un régime de politique économique dans lequel le gouvernement détermine les variables économiques endogènes des agents privés en imposant sa volonté sur le marché comme intervenant extérieur plutôt que comme participant au processus du marché. Dans ce régime, le gouvernement tente de prédéterminer un résultat qui ne pourrait pas être obtenu de façon endogène par les mécanismes du marché.

Une gouvernance menée sur la gestion économique, comme définie ici, tend à présenter les caractéristiques suivantes. La gestion macro-économique du gouvernement dépend des régulations directes, tel que le rationnement des crédits, par des opérations sur le marché libre pour le contrôle de la masse monétaire et des relations prix-salaires pour la gestion d'une demande globale cadrée par une politique anti-inflationniste. La politique micro-économique du gouvernement prend la forme d'un choix défini avant la décision du marché en fournissant les moyens nécessaires aux politiques pour orienter leurs choix.

Cependant, pour réussir dans ce type de gestion économique sans causer des distorsions avec les politiques de crédits, le gouvernement doit avoir des informations supérieures à celles des participants privés au marché et un ensemble de solutions prêtes à être mises en action dans un contexte de contraintes fortes. Mais ce que le gouvernement doit faire pour être efficace, est difficile à déterminer, spécialement dans un contexte complexe de forte croissance économique. A moins qu'un éventail complet de solutions ne soit prêt pour la plupart des problèmes économiques, le degré d'intervention gouvernementale doit être limité pour le bien de l'économie. La Corée semble maintenant être à ce stade de développement, et si celui-ci devait se maintenir, les initiatives du secteur privé devront être soutenues.

2.3. *L'héritage d'une gouvernance par la gestion économique*

Plus de trente années d'interventions actives du gouvernement dans des questions économiques privées ont engendré d'énormes séquelles qui poseront encore des problèmes pour une approche activiste sur le secteur privé.

Alors que l'acquisition des informations pour une politique économique efficace est devenue de plus en plus difficile à satisfaire, les responsables de la politique économique, y compris les économistes très imprégnés de la mentalité du régime passé, pensent que les pouvoirs publics devraient toujours contrôler l'économie en intervenant dans l'économie aux détails près. Cette mentalité pose de sérieux obstacles à la réforme économique et à la libéralisation économique. Ils pensent même que les pouvoirs publics devraient réguler la déréglementation.

A l'actif des défenseurs de l'intervention, on relève que beaucoup d'agents économiques privés ont perdu le sens de leur indépendance et qu'ils craignent même que la libéralisation crée le chaos. En conséquence, ils souhaitent le plus souvent l'intervention du gouvernement, même dans le secteur privé, et demandent au gouvernement de « contrôler le processus de libéralisation économique ».

De plus, la gestion économique active du gouvernement a créé quelques barrières qui compromettent la pénétration sur certains marchés et cela a engendré des structures monopolistes et oligopolistiques. La tendance à se reposer sur des régulations directes pour la gestion économique a produit une régulation généralisée des prix et des quantités, créant de véritables distorsions dans la structure économique. De ce fait, ce phénomène tend à décourager les agents économiques individuels à économiser et à innover.

Pour finir, comme l'intervention du gouvernement est devenue plus encourageante, cela a créé une demande inutile d'interposition allant au-delà de sa réelle capacité, diminuant ainsi fortement la nécessité et l'efficacité d'une gestion économique du gouvernement.

3. L'économie du marché et le rôle de la politique économique du gouvernement.

Le point de vue de base sur le rôle du gouvernement dans la politique économique que sous-tend cet article est celle d'une approche Hayekienne. Selon cette approche: il existe dans l'économie des lois du marché qui apparaissent de façon endogène et spontanée, indépendantes de toute intervention extérieure. La compétition impulsée par la loi du marché est un processus par lequel le revenu optimal n'est pas à l'équilibre. Par conséquent, on ne peut découvrir ou dicter les revenus du marché à l'avance sans s'appuyer sur le processus de concurrence.

Selon ce point de vue, le rôle du gouvernement devrait se limiter à la préservation de la spontanéité et au caractère endogène de la loi du marché ainsi qu'à la culture d'un meilleur environnement pour son fonctionnement. Pour atteindre cet objectif, le gouvernement devrait établir un régime de concurrence juste dans le système économique et social. Ainsi, les fonctions du marché pourraient être utilisées à leur maximum.

Dans cette structure, le rôle du gouvernement devrait être limité à la définition de l'environnement économique et social, c'est-à-dire à la détermination des variables exogènes favorables à la loi du marché, alors que la détermination des variables endogènes devraient être laissées au marché. Si le gouvernement veut influencer les variables endogènes, il doit contribuer à renforcer la loi du marché de la même manière qu'un agent économique privé, il doit changer l'environnement ou encourager des structures favorables à l'économie du marché de manière à influencer l'action des variables endogènes dans la direction voulue. Dans quelques cas, le gouvernement devrait même s'empêcher d'intervenir directement dans les mécanismes de la loi du marché pour influencer les variables endogènes.

3.1. La stabilité macroéconomique en tant qu'environnement exogène

L'une des conditions économiques les plus importantes pour faire jouer la loi du marché est l'environnement macro-économique. Le maintien de la stabilité macro-économique est compris comme une condition préalable pour que les décisions économiques à long terme soient efficaces, et par conséquent, ceci est considéré comme la plus importante responsabilité du gouvernement.

Dans les controverses sur le rôle du gouvernement dans le développement économique, la Banque Mondiale a constamment affirmé que le facteur de contribution le plus important pour le miracle économique asiatique a été la stabilité macro-économique. On peut également ajouter, dans le contexte actuel, que le maintien de la stabilité macro-économique consiste à fournir un meilleur environnement pour le fonctionnement du marché et qu'il doit être une fonction essentielle de la politique d'un gouvernement.

3.2 Globalisation et rôle du gouvernement dans l'allocation des ressources au niveau micro-économique

En fait, les économies nationales sont devenues de plus en plus intégrées dans l'économie mondiale, elles sont donc passées d'une faible insertion dans le système du GATT à une intégration forte dans le cadre de l'OMC. A côté de l'important rôle intégrateur qu'ont joué les gouvernements au travers des organismes officiels de coopération internationale, l'initiative des acteurs privés dans le processus de la globalisation a été une force d'entraînement majeure pour une intégration à l'économie mondiale. Ainsi, les frontières politiques et géographiques des économies nationales ne sont plus des obstacles à la circulation des richesses économiques. La globalisation implique une expansion des activités économiques, au-delà des frontières nationales et régionales, par la circulation des biens et services, y compris les facteurs travail et capital, la technologie, l'information, via le commerce et l'investissement.

Quels sont les effets de la globalisation pour les acteurs nationaux de politique économique ? D'une manière primordiale, cela implique qu'une politique basée sur une préférence locale, nationale ou discriminatoire deviendra de plus en plus inefficace du fait de l'augmentation de la mobilité économique des agents, des biens et des services, mais aussi de l'incapacité de l'autorité économique à contenir ces facteurs économiques à l'intérieur de frontières nationales. Dans cette perspective, par exemple, la stratégie de développement économique et les instruments de la politique économique du gouvernement deviendront moins pertinents. Dans ce contexte, certains pourront aisément voir que les réglementations pour promouvoir ou protéger des industries spécifiques puissent apparaître comme autant d'obstacles.

En général, la perspective de toute économie en cours de globalisation implique que les acteurs de politique économique soient guidés par le principe de non-discrimination et le respect des mécanismes du marché. De plus, dans les dix années à venir, comme la globalisation se développera davantage, la libéralisation et la réforme de l'économie nationale devraient progresser également. En conséquence, la gestion économique basée sur une intervention directe dans l'allocation micro-économique des ressources tendra à perdre son efficacité et deviendra incompatible avec la philosophie générale de la libéralisation économique.

Très récemment, il a été remarqué que certains gouvernement se mettaient en tête d'essayer de réaliser sous une forme ou une autre, la politique industrielle adoptée avec succès par les économies d'Asie de l'Est comme le Japon, Taiwan ou la Corée. Cette tendance est même devenue plus manifeste dans les discussions sur les politiques possibles en réponse à ce que l'on appelle la *concurrence illimitée* résultant de la globalisation. Une argumentation largement partagée était qu'un gouvernement pouvait soutenir l'expansion commerciale, autrement dit, qu'il pouvait intervenir, à une large échelle, dans l'ajustement de la structure industrielle à la globalisation de l'environnement économique.

Cependant, la position de référence sous-tendue par le rôle que peut jouer le gouvernement dans la globalisation, est diamétralement opposé à cette nouvelle tendance de la politique d'industrialisation. En somme, tout ceci suggère que la globalisation est parfois un phénomène conflictuel qui a différentes implications économiques selon le contexte dans lequel on se trouve. En outre, il est très difficile pour un gouvernement de désigner une structure industrielle particulière supposée être optimale pour l'économie. Dans ce sens, on pourrait penser que la recherche menée par certains économistes pour une organisation industrielle alternative (la théorie fordiste américaine, la théorie travailliste allemande ou encore celle des systèmes de production dits de flux tendus et flexibles) ne débouchera pas sur une structure efficace d'organisation industrielle.

En outre, au lieu d'adopter une politique industrielle interventionniste qui requiert un énorme volume d'informations et qui ne produit pas toujours les solutions escomptées, une réponse effective à la globalisation pourrait être de:

- laisser prévaloir la loi du marché pour la découverte d'une structure commerciale optimale ;
- laisser faire librement le secteur privé pour ses propres ajustements structurels.

Conclusion et leçons à tirer

Ce papier résume d'une part les débats sur le rôle des pouvoirs publics dans la gestion économique en s'appuyant sur l'expérience de la politique de développement économique que mena le gouvernement coréen au cours des trente dernières années, et d'autre part, sur les recherches pour le rôle optimal du gouvernement en général. Il tente de souligner que ces débats confondent les questions d'échecs des politiques gouvernementales et celles du marché. Ce papier a voulu mettre l'accent sur le fait que la défaillance du marché, dans la plupart des cas, est le reflet d'un échec des institutions, ce qui est une autre forme d'échec gouvernemental. L'expérience coréenne suggère que l'intervention de l'Etat dans les décisions fondamentales touchant les lois du marché, a créé plus de problèmes qu'elle n'en a résolus, car la taille et la complexité de l'économie coréenne sont devenues telles que la supériorité d'information du gouvernement ne peut pas être garantie. Construit sur les leçons tirées de l'expérience coréenne, ce papier conclut que le rôle du gouvernement devrait être de préserver la spontanéité et l'endogénéité des mécanismes du marché et d'entretenir le meilleur environnement économique le favorisant.

Le gouvernement souhaite parfois déterminer des variables économiques pour orienter le marché alors que la détermination de ces variables devrait être laissée au marché lui-même. Si on applique cette philosophie dans le cas de la recherche de l'organisation industrielle optimale dans l'intérêt des alternatives du post-fordisme à la production de masse, son principal message pourrait être que cette recherche n'est pas de la responsabilité du gouvernement.

Ce papier suggère qu'il vaut mieux compter sur la concurrence d'un marché actif parmi les sociétés commerciales, plutôt que sur le leadership gouvernemental, pour trouver des solutions de rechange à un système de production désuet.

Bibliographie

- Amden, Alice H. (1989) « *Asia's Next Giant*" New York and Oxford, Oxford University Press.
- Hayek, F. A. (1948) "*Individualisation and Economic Order*" Chicago, Illinois, The University of Chicago Press. pp. 92-106
- Hayek, F. A. (1984 a) "*Competition As Discovery Procedure*" In the Essence of Hayek, Ed. Nishiyama Chiaki and Kurt R. Leube, Stanford, California, Hoover Institution Press, pp. 254-265.
- Hayek, F. A. (1984 b) "*The Use of Knowledge in Society*" In the Essence of Hayek. Ed. Nishiyama Chiaki and Kurt R. Leube, Stanford, California, Hoover Institution Press. pp 211-224.
- Hayek, F. A. (1989) "*The Pretence of Knowledge*" American Economic Review, 79.6, 3-7.

- Jwa, Sung-Hee (1997) "*Globalisation and Industrial Organisation: Implication for Structural Adjustment Policies*" Regionalism *vs.* Multilateral Trade Arragment, NBER-East Asia Seminar on Economics, vol. 6, Chicago, Illinois, University of Chicago Press
- Lawrence, R. Z., Albert Bressand, and Takotoshi Ito (1994) "*A New Vision for the World Economy*", Brookings project on Integrating National Economies, Brookings Institution.
- Oman, Charles (1993) "*Globalisation and Regionalisation: The Challenge for Developing Countries*" OCDE Development Centre.
- Vanberg, V. (1991) "*Spontaneous Market Order and social Rules: A Critical Examination of F. A. Hayek's Theory of Cultural Evolution*" In Friedrich A. Hayek: A Critical Assessments, vol. 1. Eds. John Cunningham Wood and Ronald N. Woods, Routledge, London and New York, pp 177-201.
- World Bank (1993) "*The East Asian Miracle: Economic Growth and Public policy*" New York and Oxford, Oxford University Press.

Industrialisation et urbanisation en Corée[4]

KIM YONG-WOONG

Cet article vise à passer en revue le processus dynamique d'urbanisation et les contraintes que ce processus a engendré en Corée afin d'identifier les nouvelles politiques urbaines pour le vingt-et-unième siècle. Bien que l'urbanisation en Corée n'ait pas été lancée par l'industrialisation, le processus de l'urbanisation a été toute de même fortement stimulé par l'industrialisation depuis le début des années soixante.

La Corée a connu une croissance économique rapide au cours des quarante dernières années jusqu'à la crise financière de 1997. Bien que cette crise financière soit essentiellement due à l'instabilité du flux des capitaux internationaux et à la globalisation financière, elle était étroitement liée à un éventail de faiblesses structurelles internes qui se sont accentuées lors du processus d'industrialisation.

---

4 **KIM Yong-Woong** "*Industrialisation and Urbanisation in Korea*" pp. 35 - 62, **Korea Journal**, Vol. 39, N° 3, Autumn 1999

Le gouvernement a poursuivi l'expansion quantitative plutôt que la croissance qualitative, et cette forme d'expansion s'est réalisée aux dépens d'une politique de lutte contre la pollution et de la dégradation du cadre de vie. De plus, le développement des entreprises privées s'est réalisé sur la base d'un protectionnisme encouragé par la politique gouvernementale et les emprunts massifs auprès des institutions financières.

Beaucoup de critiques pensent que la crise financière et économique était la conséquence inévitable de la politique de croissance poursuivie durant les quarante dernières années. Pendant la crise économique, les principales institutions financières et les petites et moyennes entreprises se sont effondrées. De ce fait, le chômage s'est accru d'environ 1,7 millions demandeurs d'emploi. L'économie a connu ensuite des taux de croissance négatifs. La Corée n'avait jamais expérimenté un tel revers depuis sa première politique d'industrialisation au début des années soixante.

La baisse de revenu réel de 10.000 dollars US en 1995 à 6.800 en 1998 a introduit un doute sur ce que l'on a appelé « la voie Coréenne de développement » caractérisé par la combinaison des secteurs privé et public. La crise actuelle est profondément enracinée dans les fondements sur lesquels la Corée avait assuré sa construction. Par conséquent, des changements profonds du système présent sont nécessaires.

Par son accélération, l'urbanisation a joué le rôle principal de moteur de la croissance économique et industrielle. L'impact de l'urbanisation est profond, il a changé tant le niveau de vie, le mode de vie que le système de valeurs. La famille étendue a laissé la place à la famille nucléaire, en même tant que le communautarisme a cédé sa place à l'individualisme. L'urbanisation a augmenté la demande d'études supérieures, de garantie pour les droits de l'Homme, de liberté, de justice, ainsi que d'un processus démocratique. Malgré ces avantages, l'urbanisation a créé une variété de problèmes : les inégalités régionales, le surpeuplement, la pollution et la détérioration du mode de vie. Ces problèmes et les questions urbaines sont au centre des débats et sont liés étroitement puisque le développement urbain a été favorisé par la croissance économique et l'industrialisation.

1. Les origines historiques de l'urbanisation.

Les villes dans les sociétés féodales

Il y a 100 ans, seulement 6 millions d'individus vivaient dans la péninsule coréenne (Kim Ui-won 1982, 270). Il y avait seulement huit villes qui avaient une population de 20.000 habitants ou plus, incluant Séoul, Pyongyang, Kaesong, Pusan, etc. La population de Séoul était estimée à environ 200.000 (Kim In 1991, 86) en 1864 et 250.000 en 1910.

La plupart des autres villes avaient entre 2.000 et 5.000 habitants (Kim Ui-Won 1982, 298). Il y avait des maisons pour les élites, les familles nobles mais aussi les bureaucrates et les gens de lettres, la classe la plus basse servait la classe dominante. Ces villes féodales prenaient en charge des fonctions limitées incluant l'administration et les activités commerciales. Rugg souligne trois caractéristiques majeures des villes féodales coréennes (Rugg 1972, 330):

- la concentration d'activités dans la ville principale ;
- l'importance de la fonction administrative ;
- la prédominance d'une variété limitée d'activités.

La société féodale est aussi caractérisée par une structure rigide des classes et une mobilité lente entre les classes sociales. Cette faible mobilité est due à un manque de dynamisme, les villes préindustrielles changent peu. Jusqu'au début du 20ème siècle, la Corée était appelée le « Pays du matin calme » symbolisant une société rurale statique et sans changement.

On a estimé la population de Séoul à 200.000 habitants en 1864 et à 250.000 en 1910. Durant cette période, la population a cru à un taux inférieur à 0,5 % par an.

Les Villes dans l'ère coloniale

Après l'annexion japonaise de la Corée en 1910, l'urbanisation a connu une mutation dans deux domaines : l'augmentation de la population urbaine et la multiplication des implantations urbaines.

La population urbaine s'est accrue davantage à Séoul, Pyongyang, Pusan, Inchon, Kunsan, Mokp'o, Taejon, Kwanju, Ch'ongjin et Shinuiju qui étaient les centres politiques de transport, mais également des centres administratifs et économiques.

Les nouvelles installations urbaines créées étaient notamment des ports, tandis que les voies ferroviaires construites servaient d'avant poste pour l'exploitation des ressources naturelles et l'invasion de la Chine continentale.

La croissance des villes coloniales a été stimulée par l'exploitation des ressources naturelles et une croissance industrielle requise à des fins militaires. Les villes japonaises ne sont pas l'exception au regard des principales villes coréennes. En effet, ces villes peuvent être perçues comme la base pour les activités administratives et commerciales plutôt que comme des centres de production et de mutation culturelle (Rugg 1972, 336).

La construction des réseaux internes comme les chemins de fer et les routes, était concentrée le long de l'axe Nord-Sud qui relie la plupart des ports depuis le sud avec Pusan en passant par Séoul, Pyongyang, et pour finir par Shinuiju, une ville au bord de la Manchourie. Le développement urbain de l'ère coloniale a fourni la base pour les structures spatiales du développement urbain moderne. Avec la rapide croissance de la population urbaine, Séoul, plus particulièrement, devient une grande métropole avec une population d'un million d'habitants.

La croissance urbaine dans la période après-guerre

La population urbaine augmenta rapidement après la chute du colonialisme japonais en 1945 de même qu'après la fin de la guerre de Corée (de 1950 à 1953). Cette croissance était principalement due au retour des expatriés étrangers et à afflux des réfugiés de guerre venant notamment du nord de la Corée.

Durant l'après guerre, en particulier de 1945 à 1960, la population de Séoul augmenta de 1,5 millions, évoluant d'un million à 2,5 millions, malgré la destruction massive des industries et des équipements urbains. Cette croissance urbaine d'après guerre s'est intensifiée à la suite de la politique industrielle adoptée au début des années soixante.

Entre 1960 et 1995, la population urbaine a augmenté d'environ 30 millions d'habitants passant de 8,9 millions à 38,5 millions. Ce résultat fait que plus de 86 % de la population vit dans des zones urbaines d'une taille d'au moins 20.000 habitants. La vitesse et l'ampleur des croissances récentes excèdent de loin celles qu'ont connues les pays occidentaux.

Bien que le processus de l'urbanisation moderne ne débute que dans l'après Seconde Guerre Mondiale, le phénomène ne s'est accéléré que depuis l'adoption des politiques industrielles du début des années soixante. La prise en compte de cette dimension est essentielle pour les déterminants de l'urbanisation contemporaine.

2. L'industrialisation et ses implications spatiales

Croissance économique et industrialisation

Le Produit National Brut (PNB) de la Corée a augmenté d'environ 200 fois en passant de 2,3 millions de dollars en 1962 à 457,9 millions de dollars en 1995. Le PNB par habitant a, quant à lui, augmenté de 115,8 fois, soit de 87 $ à 10.076 $ sur la même période. Durant ce temps, la croissance de l'économie coréenne a été de l'ordre de 10 % par an. Cette croissance a été attribuée à l'expansion du secteur industriel. Le secteur secondaire incluant l'industrie et l'exploitation minière a enregistré une multiplication de la production par plus de 327 et a enregistré une croissance de l'emploi multiple de 7,2. La rapidité et l'ampleur de l'industrialisation en Corée ont été qualifiées de miracle. Dans le début des années soixante, le secteur secondaire représentait 16,5 % du Produit National Brut et 8,7 % du total de l'emploi, alors que le secteur primaire compte pour 36,6 % du PNB et 61,1 % de l'ensemble de l'emploi. En 1995, les contributions du secteur secondaire, en terme de production et d'emplois, ont augmenté respectivement de 27,1 % et 23,6 %, alors que le secteur primaire a connu les baisses respectives de 6,5 % et 12,5 %. L'industrialisation a contribué non seulement à la croissance de l'économie et des revenus, mais aussi, au changement de la structure économique. Entre 1963 et 1995, malgré la perte de 2,3 millions d'emplois dans le secteur primaire, 12,7 millions nouveaux emplois ont été créés. Cela s'est traduit par un accroissement de 4,1 millions d'emplois dans le secteur industriel et 10,9 millions d'emplois dans le secteur tertiaire. Cette augmentation de l'emploi industriel s'explique aussi par la baisse de l'emploi dans le secteur agricole. Le secteur agricole qui occupait deux emplois sur trois est passé à un sur huit. L'augmentation rapide du travail dans des secteurs non agricoles pendant cette courte période a eu pour conséquences, un exode rural massif et une migration vers les zones urbaines.

Les déterminants de l'industrialisation

L'industrialisation coréenne a pris de l'avance grâce à un important appui émanant notamment des initiatives du gouvernement. Le succès de l'économie coréenne a été attribué à une multiplicité de déterminants. Selon Balassa (1982) le succès de l'économie coréenne peut être attribué aux conditions initiales favorables au début de son industrialisation (cités par Westphal et Kim 1982). Le Tableau ci-après illustre ce propos.

Des capitaux ont été distribués et la population avait un niveau d'instruction plus élevé que dans l'ensemble des pays en voie de développement. Mason (1980) met l'accent sur l'importance des prédispositions socio-culturelles comme facteur majeur de la croissance économique coréenne. La Corée a, selon lui, tiré bénéfice d'une main d'œuvre travailleuse et disciplinée, d'une éducation secondaire plus généralisée, d'un niveau élevé d'instruction et du dynamisme d'une classe d'entrepreneurs. Adelman et Morris (1978) ont constaté que la Corée était quatorzième sur 74 pays en voie de développement dans un indicateur composite du développement socio-culturel tandis que son revenu par tête la plaçait seulement à la soixantième place, en 1961 (cf. Westphal et Kim, 1982). Le succès de l'économie coréenne a aussi été attribué à des éléments extérieurs tel que l'impulsion du commerce mondial par le Kennedy Round et le Tokyo Round.

Tableau 1 - Croissance économique et changements structurels

Année	PNB	PNB	Emplois (en %)		
	En Milliards	Par tête	Primaire	Secondaire	Tertiaire
1962	2,3	87	63,1	8,7	28,2
1970	8,1	252	50,4	14,4	35,2
1980	60,5	1.592	34,0	22,5	43,5
1990	242,2	5.659	17,9	27,6	54,5
1995	457,9	10.076	12,5	23,6	64,0

Source : National Statistical Office (NSO), Korea Statistical Yearbook, 1962-1995.

Cependant, la rapidité d'industrialisation coréenne ne peut pas être expliquée sans se référer aux politiques du gouvernement. Jones et Sakong (1980) soulignent que le succès de l'économie coréenne peut être en grande partie attribué à la *stratégie de croissance orientée*. L'industrialisation menée par les initiatives gouvernementales a provoqué des activités économiques et commerciales dans certaines régions fondamentales où il existait un certain pouvoir de décision. La concentration d'activités commerciales a été intensifiée par la politique industrielle basée sur les exportations, qui était nécessaire pour la dynamique du secteur industriel coréen. Le gouvernement a fait un effort considérable pour promouvoir l'exportation industrielle. Celui-ci avait mis en place des subventions aux exportations, incluant des concessions sur les taxes directes (jusqu'en 1973), des crédits d'allocation préférentielle, des emprunts à des taux d'intérêts bas, des prêts sans garantie des banques nationales, ainsi que des réductions de taxes sur les importations des matières premières (Rhu et al. 1987, 316). Les exportateurs bénéficiaient d'un accès sans restriction à l'importation des matières premières en même temps que d'une exonération des droits de douane (cf. Wesphal et Kim, 1982, 270).

Des prêts à court-terme flexibles étaient également disponibles pour les exportateurs et les industriels lorsqu'ils recevaient des commandes d'acheteurs étrangers. Ces prêts à court terme pouvaient être utilisés pour le financement de la production, la transformation des matières premières, le chargement et le transport maritime, jusqu'à ce que les exportateurs aient reçu les paiements de leurs acheteurs étrangers. Les mécanismes de subventions aux exportations ont également inclus l'octroi de prêts de devises étrangères, la garantie du gouvernement sur des prêts étrangers aux industries d'exportations et des facilités pour le remboursement des crédits (Rhu et al. 1987). Le niveau des taux d'intérêt sur ces prêts était maintenu faible alors que le taux de change était fixe pour protéger les industries d'exportations des risques de change. La plupart de ces subventions et crédits a été accordée jusqu'au milieu des années quatre-vingt.

Du fait de cette politique de promotion, l'exportation a augmenté rapidement jusqu'à atteindre un taux de croissance annuel de 40 % au début du processus d'industrialisation. Le montant total des exportations a atteint presque 55 millions de dollars, soit 2 % du PNB, en 1962 et 100 millions de dollars, soit 32 % du PNB en 1977. La part des produits manufacturés dans le PNB est passée de 3,3 % en 1960 à 8,5 % en 1965 pour atteindre 30,2 % en 1975. De plus, l'exportation de produits manufacturés qui représentait seulement 14 % des produits d'exportation en 1960, a atteint 82 % en 1975 et est devenue de plus en plus diversifiée. Entre 1960 et 1970, l'expansion de l'exportation était la cause directe de plus du quart de la croissance de la production de biens manufacturés et d'une grande part de la croissance de l'emploi dans le secteur industriel (Wesphal et Kim 1982, 271). L'exportation des produits manufacturés a continué à jouer un rôle important pour la croissance économique. En 1995, l'exportation des biens manufacturés a atteint le chiffre de 117,3 millions de dollars, soit 25,75 % du Produit Intérieur Brut (PIB).

Auty (1994) qualifie la politique industrielle coréenne de « politique industrielle compétitive » (PIC). Ce qui met en évidence l'avantage comparatif des secteurs ciblés et l'efficacité des stratégies de marché. Cette approche différencie la politique industrielle coréenne de celle pratiquée par d'autres pays en développement, tels que le Brésil, le Mexique ou l'Inde. Pour Auty, la stratégie industrielle de ces pays est plutôt une politique « d'autarcie industrielle » qui repose sur l'idéologie de l'auto-suffisance économique au regard de l'approche plus pragmatique de la Corée où l'efficacité a été mise en exergue dans la plupart des décisions prises dans le domaine de l'investissement public.

Les implications spatiales de la croissance industrielle

Du fait de cette croissance tirée par la politique d'industrialisation, la localisation des industries a été en grande partie déterminée sur la base de l'avantage comparatif. Ces industries sont concentrées sur quelques emplacements sélectionnés tels que la capitale et les régions du Sud-Est qui sont dotées d'infrastructures bien développées telles que les routes, les adductions d'eau, les facilités urbaines, les services urbanisation et les ports maritimes. La concentration des industries dans la zone de la capitale a été intensifiée par la politique d'exportation industrielle parce que cette zone a prévu un accès à une variété de primes et d'avantages non négligeables (Richardson 1982). La concentration de l'industrie et les inégalités régionales se sont également intensifiées avec la croissance de grands groupes tel que les conglomérats d'affaires (*chaebol*). On peut considérer que la croissance des grands conglomérats d'affaires trouve sa source également dans la redistribution des propriétés japonaises confisquées après la libération en 1945. Toutefois, la croissance excessive des conglomérats d'affaires peut être attribuée aux prêts préférentiels massifs et aux capitaux étrangers rendus disponibles par le gouvernement dans les années soixante et soixante-dix. L'adoption de la technologie et de capitaux étrangers a aussi aidé à stimuler l'expansion de grands conglomérats, car cette technologie étrangère a eu tendance à exiger des compétences entrepreneuriales et des qualifications souvent peu disponibles dans les pays en voie de développement. La politique d'exportation coréenne a également renforcé la concentration industrielle en fournissant diverses incitations fiscales aux entreprises d'exportation largement contrôlées par les grands groupes. Les concentrations industrielles en Corée ont été d'autant plus fortes que la taille des vingt premières entreprises représentait 22 % du PIB en 1981. L'intensification de la concentration industrielle est clairement représentée dans le partage monopoliste et/ou oligopolistique des produits manufacturés qui absorbe 66,3 % de la production industrielle en 1981 (Chong 1986, 102). Malgré les régulations du gouvernement, la concentration industrielle s'est intensifiée. Les activités des « *chaebols* » se sont étendues de la construction navale et automobile, aux hôtels et aux ventes en détails. La croissance des « *chaebols* » a renforcé le pouvoir économique et politique de la région de Séoul et a sensiblement affaibli les activités économiques et industrielles d'autres régions. Cette forte croissance est largement illustrée par le tableau suivant.

Tableau 2 - Croissance de la production industrielle et de l'emploi par région

Années	Nation	Région de la capitale	Région du sud est	Région du centre	Région du sud ouest	Autres
1966	556 667 (100)	231 757 (40,9 %)	205 621 (36,3 %)	46 984 (8,3 %)	65 289 (11,5 %)	17 016 (3,0 %)
1970	861 041 (100)	396 014 (46,0 %)	296 778 (34,4 %)	65 494 (7,6 %)	78 561 (9,1 %)	24 194 (2,8 %)
1980	2 014 751 (100)	923,92 (45,9 %)	813 529 (40,4 %)	127 809 (6,3 %)	122 402 (6,2 %)	27101 (1,3 %)
1990	3 019 816 (100)	1443 365 (47,8 %)	1 142 852 (37,8 %)	204 700 (6,8 %)	189,188 (6,3 %)	39 729 (1,3 %)
1995	2 951 885 (100)	1379 451 (46,7 %)	1 051 762 (35,6 %)	267 079 (9,0 %)	201 794 (7,2 %)	42 559 (1,4 %)

3. Le processus de l'urbanisation moderne

La croissance de la population urbaine

L'urbanisation en Corée se caractérise par sa rapidité et sa forte concentration dans un espace urbain réduit. Cette caractéristique ne se limite pas au seul cas de la Corée. Winter (1969, 13) soutient que le développement urbain aux Etats-Unis était également caractérisé par une urbanisation et un développement rapide des grands centres urbains ainsi que des régions urbaines. Cependant, la vitesse et l'ampleur de l'urbanisation en Corée ont dépassé celle de beaucoup de pays développés ou en voie de développement.

Tableau 3
Mutations de la population urbaine et rurale (1960 – 1995)

	1960	1970	1980	1990	1995	Croissance annuelle en %			
						60-70	70-80	80-90	90-95
Nation	24 989	31 469	37 436	43 520	44 606	2,3	1,7	1,5	1,0
Villes	8 947	15 809	26 891	36 001	38 518	5,7	5,3	2,9	1,4
Zones Rurales	16 042	15 600	10 545	7 519	6 088	-0,2	-0,4	-3,4	-4,2
Part villes	35,8	50,2	71,8	82,7	86,4				

(-) taux de croissance négatif
Les villes incluent les populations des communes et des villes. La croissance annuelle des années 1990 est calculée sur la base d'une population moyenne.
Source : NASO, 1970-1995.

Entre 1960 et 1995, la population urbaine a augmenté d'environ 29,6 millions, autrement dit a été multipliée par 4,3 alors que la population totale n'a augmenté que de 19,6 millions c'est-à-dire n'a été multipliée que par 1,8. Durant cette même période, la population urbaine s'est accrue de 4,2 % par an bien que la population totale se soit accrue de 1,7 %. La conséquence en a été un bond de la population urbaine de 8,9 millions en 1960 à 38,5 millions en 1995.

La forte expansion de la population urbaine fait ressortir que le nombre de villes de plus de 50.000 habitants ou plus, est passé de 27 en 1960 à 78 en 1995. Cependant, le taux annuel de croissance de la population urbaine a progressivement diminué, passant de 5,7 % à 5,3 % dans les années 60 et 70 et de 2,9 % à 1,4 % dans les années 80 et 90.

Le déclin de la communauté rurale

La croissance de la population urbaine a été principalement attribuée à l'afflux massif des populations rurales dans les zones urbaines. Durant les 30 dernières années, environ 16 millions de personnes sont présumées avoir quitté les zones rurales. La conséquence a été telle que la population rurale s'est réduite de 16 millions en 1960 à 6,1 millions en 1995. Les implantations rurales ont perdu leur vitalité ainsi que leur capacité d'autosuffisance, non seulement du fait de la fuite massive de la population jeune, mais également de la forte proportion dans ces zones de personnes âgées et non-productives.

En 1995, les personnes âgées de 65 ans et plus représentaient 15,8 % de la population rurale totale, alors qu'elles ne représentaient que 5,5 % de la population urbaine totale. En somme, cette population âgée de 65 ans et plus ne représente que 13,65 % de la population totale. On peut en déduire que la population rurale va régulièrement diminuer sans l'intervention d'une autre vague de déplacement des populations rurales vers les villes compte tenu de la forte proportion de personnes âgées et du faible nombre d'enfants par ménage. Les enfants âgés de 14 ans au plus ne représentent que 18,4 % de la population rurale, en comparaison des 23,7 % dans les zones urbaines.

Même si la population rurale est en forte diminution, la population urbaine n'est pas supposée croître continuellement, du fait des afflux limités des populations rurales et du faible taux de fécondité des familles urbaines. Le taux de croissance annuelle de la population est supposé atteindre le taux zéro d'ici à 2020.

La fuite massive de la population rurale a été stimulée, non seulement par la croissance du secteur industriel, mais également par la pauvreté chronique dans les zones rurales. Au début des années soixante, la taille moyenne des exploitations agricoles a été estimée à seulement 0,86 hectare, ce qui parvenait tout juste à préserver le niveau de subsistance. La Corée du Sud possède un territoire de moins de 100.000 Km2 avec une population de 45 millions d'habitants. En outre, seuls 21,5 % du territoire sont utiles pour le développement agricole, car les deux tiers du territoire sont montagneux. La pauvreté chronique et le sous-emploi dans le secteur agricole ont stimulé cette migration des populations rurales vers les zones urbaines. La concentration de la population pauvre originaire des zones rurales a créé une multiplicité de problèmes. On peut citer le logement, l'emploi et les problèmes sociaux.

La concentration de la population urbaine

La croissance de la population urbaine s'est concentrée dans quelques grandes villes. La population de la ville de Séoul, la première ville, est passée de 2,4 millions en 1960 à 10,6 millions en 1995. Durant les 35 dernières années, le taux de croissance annuelle de la population de la ville de Séoul était de 4,2 % alors que celui de la population totale n'était que de 1,7 %. Le taux de croissance annuelle de la ville de Séoul était bien plus élevé dans les années soixante et soixante-dix, mais a montré une tendance au déclin dans les années quatre-vingt et quatre-vingt-dix. Dans les années 90, le taux de croissance de la population de Séoul est passé d'une croissance positive à une croissance négative à cause d'une migration de la population vers les villes satellites. Entre 1960 et 1980, la population de Séoul s'est accrue de 6,2 % par an, bien que la population totale, elle, n'ait augmentée que de 2,02 % par an. Le taux de croissance globale a diminué de 1,34 % par an depuis 1980. De ce fait, l'indice principal[5], s'est rapidement accrue de 1,091 en 1960 à 1,534 en 1970, mais a amorcé une diminution depuis cette période: 1,430 en 1980, 1,355 en 1990 et 1,212 en 1995. En dépit de la récente diminution de la population, la population de Séoul représente tout de même 8,2 millions d'habitants et 27,7 % de la croissance de la population totale dans les zones urbaines durant les 35 dernières années.

La population des cinq villes métropolitaines, à savoir Pusan, Taegu, Inchon, Kwangju et Taejon, a également augmenté de 4,0 % par an depuis 1960. Le taux de croissance annuelle de la population de ces villes est passé de 4,8 % par an dans les années 60 et 70 à 3,0 % dans les années 80 et 90. Cependant, le taux de croissance de ces villes excède de loin celui des autres zones urbaines qui n'est que de 2,5 % par an durant ces périodes. La population des cinq villes métropolitaines s'est donc gonflée de 2,8 millions à 11,3 résidents. Par conséquent, le nombre de villes d'un million d'habitants et plus est passé de deux en 1960 à six en 1995.

---

[5] L'indice principal est calculé en divisant la population de la première ville par celles des trois autres villes les plus importantes.

Tableau 4 - La croissance de la population dans les six plus grandes villes de Corée (1960-1995)

Villes	1960	1970	1980	1990	1995	Croissance annuelle	
						60-80	80-95
Seoul	2 445,5	5 536,4	8 366,8	10 627,8	10 585,9	6,2	1,6
Pusan	1 163,7	1 880,7	3 160,3	3 797,6	3 893,0	5,0	1,4
Taegu	676,7	1 082,8	1 607,5	2 228,8	2 486,0	4,3	2,9
Inch'ŏn	401,5	646,0	1 084,7	1 818,3	2 362,1	5,0	5,2
Kwangju	314,4	502,8	727,6	1 144,7	1 287,4	4,2	3,8
Taejŏn	229,0	414,6	651,6	1 062,1	1 268,4	5,2	4,4
Total	5 230,7	10 063,3	15 598,5	20 679,3	21 892,8	5,5	1,9

Source: NSO, 1960-1995

Ainsi, la population des six plus grandes villes de Corée a augmenté de 16,7 millions, ce qui est représente 56,3 % de la croissance de la population urbaine totale durant la même période. Cela signifie que la croissance urbaine de la Corée est tirée principalement par ces six villes. En 1995, elles représentaient 21 millions d'habitants, soit 56,8 % de la population urbaine totale, alors que les 72 autres villes et 124 villages représentaient seulement 16,5 millions d'habitants, soit 43,2 % de la population urbaine totale.

Le processus de développement de banlieues

La croissance de la population urbaine est passée de la concentration dans les grandes villes au développement des banlieues. Les zones périphériques des grandes villes montrent une évolution plus rapide que les zones urbaines. La population des banlieues de Séoul s'est accrue nettement depuis 1970, alors que la population des autres zones de banlieues s'est développée plus tard. Le taux de croissance des zones autour de Séoul surpasse celui de Séoul. Kim et Masser (1990) ont observé que le développement des banlieues en Corée a été orienté par la relocalisation des entreprises industrielles. L'organisation du développement des banlieues contraste avec celle des pays occidentaux industrialisés où les banlieues se sont principalement développées à cause de l'exode des habitants des campagnes vers les zones urbaines. La croissance des zones métropolitaines semble suivre les six étapes suivantes : (1) concentration massive, (2) concentration relative, (3) décentralisation relative, (4) décentralisation massive, (5) décentralisation massive durant la période de migration et (6) décentralisation relative (Vanhove et Klaassen 1987, 191).

Les quatre premières étapes représentent des villes à forte croissance alors que les deux dernières étapes représentent leur déclin. Les zones métropolitaines de Séoul et de Pusan ont atteint l'étape de décentralisation relative dans les années quatre-vingt et sont entrées dans l'étape de décentralisation massive dans les années quatre-vingt-dix. La première étape est celle où les populations principale et périphérique augmentent, mais avec un taux de croissance de la périphérie excédant celui de la population principale, alors que la dernière étape est celle où la population globale de la zone métropolitaine augmente alors que le cœur de la ville décline. Cependant, d'autres zones urbaines comme Taegu, Kwangju, et Taejon sont encore dans les premières étapes de la concentration absolue.

Tableau 5 - Ratio de population des centres et des zones métropolitaines.

Métropoles	1970	1980	1990	1995
Centre de Séoul	17,6	22,3	24,4	22,9
Agglomération de Séoul	24,2	33,4	40,6	42,9
Centre Pusan	6,2	8,7	8,9	8,5
Agglomération de Pusan	7,2	11,0	11,7	11,9
Centre de Taegu	3,4	4,9	5,4	5,5
Agglomération de Taegu	5,5	6,3	6,9	7,0
Centre de Kwangju	1,6	1,9	2,6	2,8
Agglomération de Taegu	4,3	3,8	3,6	3,6
Centre de Taejõn	1,3	1,7	2,4	2,9
Agglomération de Taejõn	2,9	3,1	4,1	4,3

Source : Kim (1997b, 87)

La population des cinq zones métropolitaines[6] a rapidement augmenté et une nouvelle croissance est prévue pour le futur. Cette augmentation a atteint près de 44,1% de la population totale en 1970, 59,6 % en 1980, 66,9 % en 1990 et 69,7 % en 1995. Du fait de la concentration de la population dans la zone métropolitaine de Séoul, sa population comparée à celle des cinq plus grandes zones métropolitaines a augmenté régulièrement : 54,9 % en 1970 et 61,5 % en 1995 (Kim 1997a, 114). La taille des autres zones métropolitaines a baissé. La population de la zone métropolitaine de Pusan, la deuxième plus grande zone, représente seulement un quart de la population de la zone métropolitaine de Séoul, alors que les autres zones sont plus petites : un sixième pour la ville de Taegu, un dixième pour Kwangju, et un douzième pour Taejon.

4. Problèmes et question sur l'urbanisation rapide

La concentration de la population et les inégalités régionales

La croissance rapide de la population dans les grandes villes et leurs environs a provoqué des déséquilibres excessifs entre les régions. La région de la capitale qui représente seulement 11,8 % du territoire national concentre cependant près de 20,2 millions d'habitants ou 45,35 % de la population totale de la Corée. Hormis cette concentration de la population, les activités socio-économiques sont également fortement polarisées dans la région de la capitale. En effet, celle-ci représente 65 % du total des dépôts en banque, 58 % des entreprises, 82 % des bureaux publics et administratifs et 88 % des sièges sociaux d'entreprises. De plus, environ 60 % des fournisseurs de services, tels que la finance, l'assurance, le marketing et les services juridiques, les consultants sont concentrés dans cette zone (Kim et Cha 1996, 76).

La concentration du contrôle et de l'organisation des secteurs publics et privés autant que celle des fournisseurs de services ont renforcé le statut de la région de la capitale comme centre du développement national et a exacerbé la relation de dépendance des autres régions vis-à-vis de Séoul. La concentration de la population et des activités économiques dans la région de Séoul est attribuée aux critères d'efficacité qui prévalaient durant les premières années de l'industrialisation. Le gouvernement coréen fixait les zones de développement industriel dans la région de la capitale et vers le Sud-Est sur la base des avantages comparatifs.

---

[6] Inchon est inclue dans la zone métropolitaine de Séoul

Tableau 6 - Concentration des indicateurs socioéconomiques dans la région de la capitale

Surface	Unités	Nation	Région de la capitale	Taux en %
Superficie	Km2	99 268	11 675	11,8
Population (95)	Milliers	44 609	20 189	45,3
PIB (96)	Milliards de wons	387 843	178 098	45,9
Employés de l'industrie	Milliers	2 697,6	1 226,6	45,5
Dépôts bancaires (98)	Milliards de wons	770 655	390 612	50,7
Crédits (98)	Milliards de wons	515 550	330 228	64,1
HQ des 100 plus grandes entreprises (97)		100	95	95,0
Bureaux administratifs (97)	Milliers	282	254	90,1
Bureaux des travailleurs		5 892	3 287	54,5

Source : Kim (1999)

Selon Rugg (1972, 330), la croissance excessive de la région de la capitale se fait au détriment des autres régions, particulièrement quand les fonctions politiques, sociales et économiques sont concentrées dans une seule ville ou une seule région. La croissance rapide de la population et des activités économiques dans la région principale a empêché la croissance des autres régions, excepté pour le Sud-Est. Pendant les quarante dernières années, les autres régions (sauf la région principale) ont connu une croissance négative de la population et un manque relatif de croissance socio-économique. De ce fait, la proportion de population dans ces régions a diminué de 45,2 % à 26,1 %, alors que le nombre d'emplois dans les entreprises manufacturières a diminué de 22,8 % en 1966 à 17,6 % en 1995. Le déclin de ces régions a été attribué au manque d'autosuffisance économique ainsi qu'au déficit d'équipements comme dans l'éducation, la culture, les services sociaux... Selon une enquête sur les migrations presque 40 % des immigrants ont répondu qu'ils ont migrés vers la capitale dans le but d'obtenir une meilleure éducation pour leurs enfants ou une meilleure qualité de vie et de meilleurs services culturels alors que 60 % l'ont expliqué pour des raisons économiques comme l'emploi.

Tableau 7 - La croissance de la population par région
(1960-1995) (en milliers personnes et en %)

Année	Nation	Région de la capitale	Région du s Sud	Région du Centre	Région du Sud Ouest	Autres
1960	24 989,2 (100)	5 194,2 (20,8)	8 030,5 (32,1)	3 897,9 (15,6)	5 948,2 (23,8)	19 818,4 (7,7)
1970	31 469,1 (100)	8 894,5 (28,3)	9 559,7 (30,4)	4 342,2 (13,8)	6 440,3 (20,5)	2 232,4 (7,1)
1980	37 436,3 (100)	13 298,2 (35,5)	11 436,5 (30,6)	4 380,3 (11,7)	6 067,4 (16,2)	2 253,9 (6,0)
1990	43 520,2 (100)	18 600,4 (42,7)	12 571,5 (28,9)	4 504,1 (10,4)	5 737,1 (13,2)	2 107,1 (4,8)
1995	44 606,2 (100)	20 186,8 (45,3)	12 784,8 (28,7)	4 435,7 (10,0)	5 226,6 (11,7)	1 972,4 (4,4)

Les différents taux de croissance de la population et de la production industrielle apparaissent comme des indicateurs clairs des inégalités régionales en Corée. Toutefois, certains observateurs défendent l'avis selon lequel les inégalités régionales de la Corée n'ont pas été aussi importantes qu'on le prétend (Prud'homme, 1985).

En premier lieu, les différences de croissances entre les régions de Corée n'est pas un phénomène nouveau dans ce type de pays qui a privilégie l'industrialisation et la croissance économique. Renaud (1981, 7) soutenait que la rapide croissance urbaine, particulièrement dans les pays en voie de développement, tend à créer quatre types de déséquilibres : déséquilibre entre les secteurs urbains et ruraux, entre le niveau de développement des différentes régions, entre les villes de tailles différentes, et entre les groupes sociaux des différentes villes, particulièrement ceux des grandes villes.

En second lieu, le niveau de déséquilibre régional en Corée n'est pas aussi important au regard des standards internationaux. En 1978, le PRB par habitant (Produit Régional Brut) des régions les plus prospères était de moitié plus élevé que celui des régions isolées. Mais des ratios de 1 à 40 et 1 à 50 ne sont pas inconnus dans beaucoup de pays en voie de développement. En outre, les disparités des revenus interrégionaux ont été réduites en Corée. Leur coefficient de variation est passé de 0,49 en 1970 à 0,164 en 1995. Les autres indicateurs des inégalités régionales ont diminué (Kim 1999, 206). Mais les disparités interrégionales, particulièrement entre la région de la capitale et les autres, ont été perçues comme un grave problème sociopolitique et ceci non seulement à cause des disparités dans les revenus des ménages et des niveaux de production, mais également à cause des disparités dans les opportunités sociales et culturelles.

La crise du logement et les installations de squatters

Le problème de la crise du logement a pour origine la guerre de Corée qui causa la destruction massive des équipements urbains ainsi que des afflux massifs de réfugiés dans les grandes villes. Dans les années soixante et soixante-dix, le logement urbain s'est très vite détérioré à cause du manque d'investissements dans les logements, particulièrement pour les familles à faibles revenus. Entre 1960 et 1980, les effectifs de ménages urbains ont augmenté de 3,2 millions, mais les nouveaux logements ne se sont accrus que de 1,7 millions. Le taux de mise à disposition de logements dans les zones urbaines, tout comme le ratio ménage/logement, a régressé de 66,5 % en 1960 à 62,2 % en 1970 et à 56,6% en 1980. En 1970, approximativement 9 personnes vivaient dans des habitations avec un espace habitable de 50,4m^2 dans les zones urbaines (Korea Housing Bank 1990, 350).

Grâce à la récente augmentation des investissements dans le logement, la provision des habitats dans les zones urbaines est passée de 61,1 % en 1990 et à 74,3 % en 1995. Le taux de mise à disposition de logements à Séoul et sa région s'est amélioré pour passer respectivement de 56,8 % et 64,5 % en 1970 à 71,4 % et 81,2 % en 1997. Malgré ces améliorations dans les années 90, la crise du logement existe toujours et principalement dans les grandes villes (Kim et Kim 1998 a, 97). La crise du logement dans les grandes villes est largement due à la spéculation sur le prix des loyers. Le taux des prix des loyers par rapport aux revenus des ménages (PIR) est passé de 5,63 en 1988 à 9,38 en 1991 dans toutes les zones urbaines. Bien que, le PIR se soit réduit à 4,97 en 1994 pour toutes les zones urbaines, le niveau actuel du PIR en Corée est toujours très élevé, en comparaison avec les pays avancés où il est estimé entre 2 et 4 (Kim & Kim 1998b, 100-101).

Du fait de la pénurie de logements disponibles, particulièrement depuis les premières étapes de l'industrialisation, la plupart des migrants tendent à s'installer illégalement et temporairement dans des refuges installés sur des terrains interdits. Ces installations ont permis de créer des logements flexibles et à bas prix. Les logements de squatters dans Séoul sont passés de 140.000 à 190.000 de 1960 à 1970 ce qui est équivalent à un tiers du total des logements de Séoul. Ces installations sauvages représentent 30 % des logements de Séoul. Au début des années 60, la moitie environ du développement urbain était concentrée dans ces zones. 1,3 millions de personnes, soit 33,5 % de la population totale ont été logés dans ces zones en 1970 (Kim & Kim 1995, 47).

Le surpeuplement urbain et le manque de services urbains

Avec la croissance rapide de la population urbaine, les villes subissent un surpeuplement et une dégradation de l'environnement urbain, notamment à l'intérieur des grandes villes. Le surpeuplement est attribué à la haute densité de population dans les zones urbaines, en particulier dans les grandes villes. La densité de population à Séoul et la région de la capitale sont respectivement de 15.313 habitants au Km² et 1.722 au Km² bien que la moyenne de la densité de population soit de 449 personnes au Km² en Corée. La densité de population des villes majeures des pays occidentaux est inférieure à celle de Séoul : 9.235 personnes au Km² à New York, 4.278 personnes au Km² à Londres et 13.482 personnes au Km² à Tokyo (Lee 1995, 454).

Le surpeuplement dans les zones urbaines est clairement souligné par la taille des parcelles d'habitation. La moyenne de la taille des parcelles dans la région de la capitale est aussi petite que 24 p'yŏng (soit 96 m^2) pendant que dans Tokyo, la région métropolitaine, elle est de 38 p'yŏng (soit 125,4 m^2) (Lee 1995, 340).

La croissance forte de la population urbaine a également conduit à la montée des embouteillages. La vitesse moyenne des véhicules a été réduite de 30,8 Km par heure en 1980 à 18,7 Km par heure en 1989. Cette vitesse est de 12,98 Km par heure depuis 1998. Les embouteillages ont créé des coûts sociaux et logistiques par l'augmentation du temps de voyage et de la pollution de l'air. Les embouteillages sont directement reliés au manque d'investissements en infrastructures (tels que les routes et les voies ferrées), mais aussi à l'augmentation du nombre d'automobiles.

Les embouteillages ont augmenté avec le développement urbain désordonné. Beaucoup de villes ne sont pas correctement équipées de structures spatiales et d'un réseau autoroutier efficace. Les embouteillages et la désorganisation du développement urbain sont des faits fréquents dans les villes importantes, mais aussi dans les petites et les moyennes villes.

La concentration de la population dans les zones urbaines résulte aussi de la hausse des prix des terrains et des logements. Entre 1975 et 1997, le prix des terrains dans les zones urbaines a augmenté de 17,7 fois bien qu'ils aient décliné de 1,2% par an pour la période de 1992 à 1997. Par contraste, durant la même période, les prix à la consommation augmentèrent de 7,5 fois ce qui signifie que le prix des terrains avaient augmenté de 2,4 fois plus que les prix à la consommation. En particulier, les prix des terrains augmentèrent de 19,1 fois de 1975 à 1991, alors que les prix à la consommation n'étaient multipliés que par 5,6. En raison de ce contraste, les prix des terrains en Corée sont souvent perçus comme très élevés.

On estime que la valeur totale des terrains était équivalent à 4,3 fois le PIB Coréen en 1997, alors qu'elle est d'environ 0,7 du PIB au Etat Unis, 1,3 en Grande Bretagne, 4,4 au Japon et 1,0 en France. Les prix élevés des terrains en Corée ont pour conséquences l'incapacité des familles ordinaires à acheter leur maison, l'inégalité de revenus entre les propriétaires et les locataires, le retard en développement des infrastructures et l'augmentation des coûts de production réduisant la compétitivité internationale de l'économie (Park 1998, 132-133). Les coûts des terrains comptent pour 60 % du prix des logements et 80 % du coût d'investissement en infrastructures tels que routes et constructions industrielles. Le prix des terrains a aussi rapidement augmenté à cause de l'accroissement des demandes pour les terrains urbains et industriels, mais aussi en raison des politiques restrictives pour la répartition des terres, la transformation les terres agricoles en terrain à bâtir, le manque d'investissements en infrastructures et la spéculation.

Jusqu'à très récemment, il y eu un manque substantiel de services urbains de base tel que le branchement aux réseaux de l'eau et de l'électricité. En 1960, moins d'un tiers des familles urbaines était approvisionné en eau courante et en électricité. En 1970, plus de la moitie de la population urbaine n'était toujours pas alimentée en eau courante et plus de 40 % n'avaient pas accès à l'électricité. Cela implique qu'approximativement 8 millions de résidents urbains vivaient sans connexions dans les zones urbaines (Kim & Kim 1998 a, 98). Cependant, il y eut une nette amélioration sur ce point depuis les années soixante-dix. La proportion de la population urbaine fournie en eau et en électricité augmenta dans les années quatre-vingt de 77,2 % et 99,0 % et dans les années quatre-vingt-dix de 93,1 % et 100 % (Kim & Kim 1998b, 99).

5. Dégradation de la qualité urbaine de l'environnement

La croissance rapide de la population urbaine a contribué à la dégradation du paysage et de la qualité de l'environnement. La croissance conjuguée de la production industrielle et de la population urbaine a exigé de grands espaces de terrains. Les terres agricoles et rurales ont été transformées en zone urbaine sans la mise en place d'une politique à long terme de l'utilisation de la terre. En outre, l'accès à de nouvelles zones de terrain n'a pas seulement conduit à une diminution des terres agricoles, mais a également conduit à la destruction du paysage naturel et des ressources écologiques. Le développement désordonné et inefficace des terres a accéléré le phénomène de spéculation sur le marché foncier. Ce choix de développement a été largement fondé sur des critères d'efficacité économique plutôt que sur des objectifs d'amélioration de la qualité de l'environnement et des équipements quotidiens.

L'augmentation des demandes pour des terrains urbains a induit une hausse des prix fonciers dans les villes périphériques et a rendu la spéculation sur ces terrains très lucrative. En conséquence, les propriétaires fonciers ont eu tendance à différer leur stratégie de valorisation de leur terrain en payant le minimum de taxes avec l'espoir d'une vente plus tardive pour réaliser un meilleur profit. Les personnes bénéficiant de ces lots de terrains se sont lancées dans des stratégies de multi-acquisitions de terres en dehors des centres villes (Rugg 1972, 2). Ce comportement des propriétaires fonciers a entraîné une utilisation désordonnée des terres et une extension de la zone urbaine. Bien que les zones pour des utilisations urbaines, incluant le réseau autoroutier, représente 5 % du territoire coréen, il fut admis que certaines zones n'avaient jamais été prévues pour être affectées au développement urbain et industriel.

La qualité de l'environnement dans les zones urbaines s'est ainsi fortement détériorée du fait notamment d'une utilisation sans plan des terres disponibles, sans accorder aucune priorité à l'environnement et aux équipements collectifs. Le principal but du développement urbain a été de donner les fondations physiques nécessaires à la croissance de la population et aux activités industrielles. Cette croissance orientée de la politique urbaine a été responsable de l'uniformité dans le développement des logements et le résultat d'un manque de diversité et de variété. Le gouvernement a imposé un contrôle des prix sur le marché des logements conduisant à une qualité inférieure des standards de logements et à l'uniformité de tous les nouveaux logements. En conséquence, on trouve de grands complexes d'appartements à agencement strict, fruit de la majorité des projets de développement, tant dans les grandes villes que dans les petites. Dans les années quatre-vingt-dix, la construction de groupes d'appartements a coûté environ 90 % des nouvelles constructions de logements. Dans ce contexte, il est difficile pour les villes coréennes de maintenir leurs identités spécifiques.

Une panoplie de mesures politiques a été introduite pour faire face aux problèmes urbains (concentration de population, inégalité régionale et désordre du développement). Depuis le début des années quatre-vingt, l'objectif de la politique urbaine au niveau national a dévié :

de la promotion de la croissance des centres économiques des années soixante-dix vers une expansion sur l'ensemble du territoire du développement urbain dans les années quatre-vingt-dix. Dans les villes, un système de plans urbains détaillés à long terme a été introduit depuis les années quatre-vingt pour traiter les problèmes du développement (Kim, Min & Yoo 1998, 78). Malgré l'introduction de ces mesures politiques, les difficultés telles que la concentration urbaine, l'inégalité régionale et la dégradation du cadre de vie n'ont pas été résorbées du fait des capacités institutionnelles insuffisantes et des défauts d'encadrement.

6. Les nouvelles directions pour le développement urbain.

Depuis 1995, l'industrialisation et l'urbanisation ont avancé et joué un rôle moteur dans le processus de modernisation. La Corée a réussi une remarquable croissance économique autant qu'un développement socio-politique à travers cette industrialisation et cette urbanisation. Il y a eu de grandes améliorations dans le domaine de l'éducation, de la santé, des droits de l'Homme, de la mobilité socio-économique et de la liberté politique. Cependant, l'industrialisation a aussi créé une variété de points négatifs avec le développement urbain, tels que le surpeuplement, la pollution et la dégradation de la qualité de vie.

Il est impératif pour la Corée de résoudre ces problèmes urbains si elle veut maintenir son développement dans le siècle à venir. Cependant, ces difficultés ne peuvent se résoudre facilement, car ils ont pour origine les structures déficientes du système existant. Il est donc nécessaire de construire un nouveau paradigme pour faire face aux questions urbaines. Ce nouveau paradigme devra prescrire des changements fondamentaux dans notre perception et notre approche du développement urbain.

Premièrement, il est essentiel de regarder le développement urbain davantage comme un moyen d'améliorer le bien être de la population plutôt qu'en moyen de promotion de la croissance économique et industrielle. Comme il est implicitement accepté qu'une forte croissance est souhaitable et désirable, la plupart des efforts pour le développement ont été simplement justifiés par l'intérêt d'une croissance économique et industrielle bien qu'elle ait eu tendance à saper l'égalité sociale, l'identité culturelle et la qualité de l'environnement.

Deuxièmement, le développement urbain a besoin que l'on se concentre sur la qualité de l'environnement physique. La croissance très orientée du développement urbain des premières années a donné lieu à la progression d'un développement urbain inefficace. L'exigence d'une haute qualité de la vie urbaine et environnementale est nécessaire pour améliorer l'augmentation du revenu familial et pour obtenir un système de valeurs plus diversifié dans le futur. Or, le besoin physique de l'expansion de l'espace urbain a décliné avec le ralentissement de la croissance de la population.

Le taux annuel de la croissance urbaine a été réduit de 5,7 % dans les années 60 à 1,4 % dans les années quatre-vingt-dix. Il ne faut pas s'attendre à ce que la population urbaine augmente aux cadences élevées antérieures, la politique urbaine doit passer de la croissance centrée sur le développement à une croissance plus maîtrisée. La restructuration des zones urbaines dans les grandes et petites villes est une tâche majeure.

Troisièmement, le développement urbain futur devrait être avant tout concerné par l'identité culturelle et la qualité de l'environnement. Les qualités environnementales de la vie ne peuvent être garanties seulement par l'amélioration. Les populations sont de plus en plus concernées par le niveau des biens culturels et la qualité de l'environnement naturel des villes.

Le poids historique de la ville et les racines culturelles affectent la capacité de s'adapter à la globalisation économique. Richard Stern (1996) soutient que le succès de l'adaptation d'une ville aux récentes tendances de la révolution de l'information et de l'économie mondiale dépend de la qualité du capital humain et des infrastructures, notamment les communications, les transport et les réseaux d'informations. Le succès des villes a transformé l'investissement humain et financier en création d'emplois et en revenus. L'amélioration des qualités culturelles et environnementales, et en particulier l'éducation, aide à construire un capital social en consolidant les structures qui répondent aux défis urbains et aux récents changements technologiques et économiques.

La compétitivité des villes devient de plus en plus importante face à la globalisation qui affaiblit les frontières nationales et intensifie la concurrence. La compétitivité des villes ne peut pas être améliorée du seul fait de l'accroissement de la productivité. Cela exige un dispositif efficace portant sur les infrastructures physiques et économiques, sur l'amélioration des technologies et du capital humain aussi bien que sur la qualité de vie de tous les résidents.

Pour finir, il sera plus important d'assurer un mécanisme de démocratie directe dans laquelle les différentes demandes sociales peuvent être mises en forme et les besoins des citoyens se refléter, c'est-à-dire un processus de décisions prises dans le cadre du développement urbain. La politique urbaine ne peut être satisfaisante pour toutes les parties concernées que seulement si ces parties participent aux différents niveaux de décisions.

La démocratie participative implique les citoyens et l'administration dans un processus de prise de décisions. Le concept de *bonne gouvernance* devient de plus en plus important si l'on veut concilier les conflits d'intérêts avec la capacité de mobiliser les ressources pour le succès du management urbain.

Bibliographie

- Auty, Richard M. (1994) "*Economic Development and Industrial Policy*", Korean, Brazil, Mexico, India and China. New York; Mansel.
- Chŏng, Il-hun (1986) "*Kyŏngjeryok chipchung-e taehan chungso Kiŏp Taech'aek*" (Policy measures for Small and Medium-sized Industries against Economic Concentration), In Chungso Kiŏp yŏn'gu (Studies on Small and Medium-sized Industries), edited by the Central Organisation for Cooperatives of Small and Medium Industries, Seoul.
- Gereffi, G. (1990) "*Paths of Industrialisation: An Overview*" In Manufacturing Miracles, Path of Industrialisation in Latin America and East India, edited by G. Geraffi and D. L. Wyman, 3-31. Princeton, N. J., Princeton university Press.
- Jones, L. P. and Il Sakong (1980) "*Government, Business, and Entrepreneur-ship in Economic development: the Korean Case*" Harvard University Press.

- Kim, Üi-won (1982) "Han'guk *Kukt'o kaebalsa yön'gu*" (History of Korea's National Territorial Development) Seoul Taehak tosö.
Kim, In. (1991) "*Theories in Urban Geography*" Seoul, Bobmun Sa.
- Kim, Yong-woong (Kim, Yong-ung) (1997 a) "*Policy directions of Metropolitan-Wide Area for Balanced Regional Development. In Kukt*" 21 segi (National Territory for the 21st Century), edited by Rhu S. Y., Lee G. Y. and Park Y. H., 109-130. Seoul: Naman Publishing House.
- Kim, Yong-woong (Kim, Yong-ung) (1997) "*Theoretical Concepts and Spatial Analysis of Metropolitan-Wide Are*" Land Studies 8.4, 76-97.
- Kim, Yong-woong (Kim, Yong-ung) (1999) "*Theories and Practices of Regional Development in Korea*" Seoul, Bobmun Sa.
- Kim, Yong-woong, and I. Masser (1990) "*Industrialisation and its Spatial Implications in Korea*" TRP 92, Occasional Papers. Department of Town and Regional Planning, Faculty of Architectural Studies, Univrsity of Shieffield, August.
- Kim, Yong-woong, and Ch'a Mi-suk (1996) "*Spatial Patterns and Locational Strategies of Producer Services in Korea*" KRIHS, Korea research Institute for Human Settlements.
- Kim, Yong-woong, and Kim Dong-ju (1995) "Socio-Economic and environmental Implications of Industrialisation in Korea" The Korea Spatial Planning Review 24, 39-62.
- Kim, Jung-ho (Kim, Chöng-ho), Kim gun-yong (Kim Kön-yong) (1998 a) "*A comprehensive Overview of Housing policy*" In Shaping the Nation towards Spatial Democracy, edited by Lee J. S. and Kim Yong-woong, 91-128 KRIHS.
- Kim, Jung-ho (Kim, Chöng-ho), Kim gun-yong (Kim Kön-yong) (1998 b) "*Retrospects and Prospects of Housing Policy in Korea*", N° 4, HRIHS.

- Kim, Hyun-sik, Min, bum-sik, and Yoo, Jae-yun (1998) "*Evolution of Urban Policies and Future Directions*" In Shaping the Nation towards Spatial Democracy, edited by Lee J. S. and Kim Yong-woong, 70-90, KRIHS.
- Korea Housing Bank (1990) "*Housing Economic Data Book*" Seoul, korea
- Lee, G. Y. (1995) "*Seoul of the 21 Century*" Seoul, Korea Economic Daily.
- Mason, E. S. (1980) "*Preface" in "Government, Business, and Entrepreneur-ship in Economic Development: three Korean Cases*" written by L. P. Jones and Il Sakong, Harvard University Press.
- Park, Hun-ju (1998) "*Land Issues and Land policy*" in Shaping the Nation towards Spatial Democracy, edited by Lee J. S. and Kim Yong-woong, 129-151, KRIHS.
- Park, Su-yong, Kim Yong-woong, and Yang Ok-hi (1986) "*Urban Services and the Poor, The case of Korea*" Community Participation in Delivering Urban Services in Asia, edited by International Development Research Council, 29-57, Ottawa, IDRC.
- Prud'homme, Remmy (1985) "*A Study on Regional policy in Korea*" The World Bank Sector Study Mission, Washington D. C. , World Bank.
- Renaud, Bertrand (1981) "*National Urbanization Policy in Developing Countries*" A World Bank Research Publication, Oxford University Press.

SECONDE PARTIE

LA CRISE

La crise monétaire Coréenne de 1997

Causes et implications[7]

JWA SUNG-HEE & HUH CHAN GUK

Au milieu des années 1990, l'économie coréenne est apparue comme spécialisée et stabilisée avec un rythme de croissance élevée, mais à un seul chiffre. Tout comme les onze plus grandes économies mondiales, la nouvelle place de la Corée dans l'échiquier des pays industrialisés a été reconnue en 1996 lorsqu'elle est devenue membre de l'OCDE. Au début de l'année 1992, l'inflation pesant sur le PIB s'est stabilisée à près de 5 %. Il n'y avait aucune véritable inquiétude vis-à-vis de la politique financière du gouvernement, car il avait maintenu jusqu'ici un budget équilibré. Le déficit budgétaire ne semblait pas inquiétant. Ces dernières années, jusqu'à la fin de 1996, il n'a jamais excédé 5 % du PIB selon les indicateurs construits à partir des données macro-économiques de la Corée.

Cependant, la situation a rapidement commencé à se détériorer en 1997. La vitesse avec laquelle se sont

---

7 **JWA Sung-Hee & HUH Chan Guk** "*Korea's 1997 Currency Crisis Causes and Implications*" pp. 5 - 33, **Korea Journal**, Vol. 38, N° 2, Summer 1998

développés les échanges de monnaies étrangères, a engagé la crise monétaire dans des proportions qui ont pris la plupart d'entre nous par surprise. A partir de cette situation calme, plusieurs déséquilibres structurels très sérieux sont, au fur et à mesure, apparus. Le manque de mécanismes de régulation des prix fut l'une des causes principales de cette difficulté. Beaucoup avait vu la gestion de la croissance économique engagée par le gouvernement coréen comme un modèle de développement permettant aux pouvoirs publics de jouer un rôle important en prenant les décisions d'allocation de ressources au détriment du marché. Le manque de concurrence dans la vente de biens a rendu inefficace le secteur commercial. Les crédits bancaires ont été utilisés comme un avantage clé et ont permis, à peu de frais, l'entrée dans les activités industrielles des sociétés ciblées par la politique gouvernementale. Le secteur bancaire s'en est trouvé affaibli. Les régulations prudentes se sont effacées afin de financer cette industrialisation. Une des conséquences immédiates fut la multiplication du nombre de prêts. Une autre cause est la grande confiance dans le capital étranger à court terme. Mais en tenant compte d'une forte réactivité des investisseurs étrangers, le contexte était propice pour que le problème des liquidités se transforme en une véritable crise.

Le but de cet article est d'apporter une évaluation systématique pour une analyse du développement en Corée et hors Corée plutôt que de comparer simplement des données par rapport à un modèle théorique particulier. Dans notre jugement, toute imperfection qui résulte de la non-utilisation d'une trame spécifique de référence, est adéquatement compensée par l'avantage d'offrir une description générale et une analyse de facteurs-clés de l'évolution récente de la crise.

Nous allons fournir une vue d'ensemble des structures essentielles et des problèmes cycliques en utilisant des données factuelles, des statistiques descriptives et un modèle de séries chronologiques vectorielles à correction d'erreur (VECM)[8] du salaire nominal, de la productivité du travail et de l'inflation. En particulier, nous considérerons que la politique de la Corée basée sur des échanges intenses avec l'étranger, a une large part de responsabilité dans la crise monétaire. Nous examinerons également les développements tant extérieurs que macro-économiques de la Corée portant sur la période 1996 et 1997.

L'utilisation que nous ferons de ce modèle est ciblée pour atteindre une approche purement descriptive. De ce fait notre démarche diffère d'autres auteurs coréens. Par exemple, Yi et Yi (1998) emploient un modèle simple de variables macro-économiques clés basées sur un certain nombre d'éléments macro-économiques et de facteurs externes pour se demander si la crise des échanges extérieurs aurait pu être prédite. Selon notre point de vue, un modèle macro-économique simple n'est pas assez riche pour incorporer les déséquilibres structurels variés qui ont contribué à déclencher la crise. Même si les problèmes sont micro-économiques par nature, un modèle qui met l'accent sur des variables macro-économiques simples, n'est pas adéquat.

Selon nous, la cause majeure et immédiate du déclenchement de la crise est l'ensemble de mesures qui ont été prises par le gouvernement coréen en 1997 plutôt que toute autre mesure de politique particulière prise durant la deuxième partie de l'année. Plusieurs auteurs coréens ont mis l'accent sur le fait de trouver les évènements catalyseurs

---

[8] Acronyme anglo-saxon.

du déclenchement de la crise à la fin de l'année 1997. Par exemple, Pak et Yi (1998) montrent les garanties excessives de dépôts faites par le gouvernement coréen et les intérêts sur tous dépôts à des institutions financières incluant même les dépôts des agents « techniquement » insolvables, en octobre 1997. D'autres mettent l'accent sur la nationalisation inefficace de « Kia Motors » et de la baisse de la côte de confiance de la Banque Coréenne de Développement établie par Moodys qui s'en est rapidement suivie. Cet indice sur la banque (BCD) fait ressortir l'estimation réelle de la côte de confiance du gouvernement coréen, elle est intégrée dans les transactions par les marchés financiers internationaux.

Mais notre point de vue est autre. En effet, selon l'état de l'économie coréenne, même un changement complet du taux de change au début de l'année 1997 n'aurait pas pu faire la différence. Le facteur crucial fut la donnée structurelle couplée avec l'insistance du gouvernement coréen pour une politique du won fort jusqu'au début de l'année 1997 et l'explosion de la crise de l'ASEAN durant l'été 1997.

Hormis les facilités de mouvements rapides pour les flux de capitaux étrangers, les causes tant cycliques que structurelles ont été prépondérantes dans la crise. En effet, la compréhension de ces facteurs et la manière dont ils ont alimenté la crise, sont des analyses précieuses pour les politiciens et les chercheurs d'ici et d'ailleurs. La prochaine crise sera certainement de nature différente. Malgré tout, une compréhension claire de celle-ci pourra, à défaut de résoudre le problème, mieux nous préparer aux aléas d'une prochaine.

Le reste de cet article est organisé comme suit : la section II fournit une esquisse rapide de ce qui s'est passé sur les marchés financiers coréens vers la fin de l'année

1997. Dans la section III, nous établirons une vue d'ensemble des problèmes structurels majeurs. La section IV examinera notamment les développements externes et macro-économiques entre 1996 et 1997. Dans la section V, nous utiliserons le modèle de séries chronologiques vectorielles à correction d'erreur (VECM) du salaire nominal, de la productivité du travail et de l'inflation avec les liaisons de taux de change. Dans les sections VI et VII nous fournirons le bilan de la période d'intervention post-FMI et le dilemme posé aux politiciens coréens. Puis nous conclurons.

I. Un bref aperçu sur la crise

Cette section donne un aperçu des évènements clés des marchés financiers coréens durant la fin de l'année 1997. La cause principale de la crise monétaire coréenne a été la crise monétaire qu'ont connue les pays de l'ASEAN au milieu de l'année 1997. Les problèmes des marchés financiers internationaux se sont naturellement décalés vers ce qui a été vu comme le prochain groupe d'économies vulnérables, par exemple les quatre tigres de la première génération (Hong Kong, Singapour, Taiwan et la Corée) avec des déséquilibres potentiels de taux de change. Les investisseurs internationaux ont commencé à sonder ces pays émergeants en août pour saisir les opportunités de « profits rapides ». Déjà assaillie depuis le début de l'année par une série de faillites de grandes compagnies, la Corée est apparue comme susceptible de rencontrer les mêmes difficultés.

La difficulté ressentie par les investisseurs étrangers à propos de la Corée s'est manifestée de différentes manières. Après avoir vacillé à près de 750 en juin et juillet, le KOPIX (indice du prix des titres coréens) a commencé à chuter rapidement en septembre. Il a atteint son point le plus bas de 350,7, le 12 décembre. Cette chute reflète une fuite de grande envergure des investisseurs. La part de l'investissement étranger sur le marché des capitaux a baissé d'un milliard de dollars pour le seul mois de novembre.

Dès le début du mois de novembre, les banques coréennes ont commencé à rencontrer de grandes difficultés dans le renouvellement de leurs emprunts étrangers à court terme. Le taux de reconduite des emprunts est tombé de 80 % en octobre à près de 50 % en novembre pour atteindre 30 % en décembre. Les banques coréennes ont connu une situation pire en décembre lorsque environ 30 % seulement de leurs partenaires étrangers ont accepté de renouveler les crédits. En terme de montants, les crédits à court terme aux institutions financières coréennes sont tombés à près de 46 milliards de dollars après avoir atteint le niveau de 65 milliards en 1996. Ils ont ensuite encore chuté pour afficher 29 milliards en décembre 1998. Un tel étranglement de l'offre de crédits étrangers a accompagné et accéléré le déclin du niveau de confiance de la Corée comme cela apparaît dans le Tableau 1.

Tableau 1 – La forte détérioration de la cotation

	23-X -97	25-XI-97	11-XII-97	23 Déc. 97	17-II-98
Standard and Poor's	AA-	A-	BB-	B+	BB+

Le taux de change du won coréen a chuté précipitamment à la fin de l'année 1997. Le taux de change dollar/won a baissé de 11,4 % en novembre et de 44 % en décembre. Simultanément, la marge de fluctuation quotidienne du taux de change autorisée est passé de 2,25 % à 10 % durant la seconde moitié du mois de novembre. Cette marge de fluctuation a été abandonnée à la mi-décembre. Les autorités responsables des échanges avec l'étranger ont commencé à intervenir sur le marché des changes dès le début l'année 1997 pour empêcher un effondrement de la monnaie en dépensant une part considérable des réserves en devises étrangères. Le niveau des réserves utilisables est tombé en dessous de 10 milliards de dollars à la fin du mois de novembre (Cf. Tableau 2).

Tableau 2 – L'épuisement des réserves de change
(En milliards de dollars)

	Jan. 97	Sep. 97	Nov. 97	Déc. 97	Jan. 98	Mars 98
Réserves totales	31,0	31,4	24,4	20,4	23,5	29,7
Dont Filiales étrangères	(3,8)	(8,0)	(16,9)	(11,3)	(11,0)	(5,6)
Montants utilisables	27,0	22,4	7,3	8,9	12,4	24,1

Ces évolutions ont donné à penser aux observateurs nationaux et internationaux qu'une intervention pour un moratoire des dettes était probable. Pour les investisseurs étrangers et locaux, une telle perception a amplifié l'urgence à liquider leurs positions en wons. Pour éviter une crise profonde, le gouvernement coréen a demandé, le 21 novembre, le soutien et l'aide financière du FMI. Ce dernier est intervenu en apportant une aide d'urgence de 10 milliards de dollars, le 24 décembre 1997.

II – Une approche approfondie des données structurelles à long terme.

Malheureusement, il y a eu de nombreux problèmes structurels qui ont fourni une base fertile au germe de la crise. Renforcée par la stratégie de croissance menée avec succès par le gouvernement au début des années soixante, les acteurs économiques clés du gouvernement, les hommes d'affaires ainsi que les universitaires manifestèrent leur soutien à une intervention du gouvernement jugée bénéfique pour la Corée. Une expérience similaire au Japon, pendant sa période de croissance rapide, fournissait des références utiles. Comme dans beaucoup d'autres zones, les importations de produits étrangers tout comme le taux de change, ont été fortement réglementés. Les séquelles directes et évidentes d'une telle politique ont été un manque d'automatisme dans la régulation des prix. Nous reviendrons plus en détail sur ces éléments.

Tableau 3 – Le ratio IDE/FBCF des pays asiatiques touchés par la crise financière de 1990 - 1996

Pays	1990	1991	1992	1993	1994	1995	1996
Indonésie	2,8	3,6	3,9	4,3	3,8	6,7	8,5
Corée du Sud	0,8	1,0	0,6	0,5	0,6	1,1	1,3
Malaisie	16,8	23,8	26,0	22,5	15,9	12,1	13,2
Philippines	5,2	6,0	2,1	9,6	10,5	9,0	7,3
Thaïlande	7,1	4,9	4,8	3,6	2,3	2,8	3,2
Asie Sud et Sud-Est	4,0	3,9	4,5	6,5	7,3	7,3	8,2

IDE/FBCF : Investissements Directs Etrangers / Formation Brute de Capital Fixe

On peut noter, dans un premier temps, qu'à la faveur des garanties du gouvernement, la Corée a fait le choix d'emprunter directement auprès des banques étrangères, plutôt que d'attirer les investissements directs étrangers pour réaliser son industrialisation. Les emprunts étrangers ont été nécessaires parce que la croissance rapide de l'investissement outrepassait toujours le taux d'épargne intérieur. C'est donc pour des raisons de politique interne, qu'une importance mineure a été accordée à l'investissement direct étranger. Le Tableau 3 met en lumière le contraste entre la Corée et ses principaux voisins sur l'ampleur des investissements directs étrangers. Ce tableau fait ressortir le rapport entre l'investissement direct étranger (IDE) et la formation brute de capital fixe (FBCF), rapport qui se révèle for modeste. C'est le même cas quand on le compare avec les diverses étapes du développement des autres économies asiatiques. Par exemple, l'Indonésie qui est placée juste au dessus de la Corée en terme de niveau d'investissements directs étrangers passe de 2,8 % à 8,5 % du total de ses investissements. Par comparaison, le ratio présenté pour la Malaisie évolue entre 12,1 et 26,0 %. Les investissements directs étrangers étaient minimisés d'une façon similaire en Corée, dans les années quatre-vingt. Dans les années 96-97, le montant de la dette extérieure représentait trente fois le niveau des investissements directs étrangers.

Au même moment, un contrôle strict a été imposé sur les emprunts à l'étranger des entreprises. Ceci a provoqué une demande excessive de liquidités bancaires qui a conduit les banques à emprunter à l'extérieur. Mais, depuis le début des années quatre-vingt-dix, le gouvernement coréen a adopté une politique qui a découragé les emprunts à long terme, ne laissant pas d'autres choix aux banques que de faire des emprunts à court terme à l'étranger. Il en a résulté une accumulation de dettes étrangères et un engagement extérieur basé sur une structure très vulnérable.

Deuxièmement, la politique industrielle très engagée, menée par le gouvernement pendant plusieurs décades, a marqué l'organisation industrielle coréenne. Utilisant la facilité d'accès aux crédits comme principale motivation, le gouvernement coréen a encouragé les entreprises à choisir les secteurs privilégiés par le gouvernement. L'incitation vers les industries chimiques lourdes au début des années quatre-vingt en est l'exemple le plus connu.

Une telle politique a favorisé la croissance de grandes entreprises engagées dans différents types de commerce. Cela a entraîné la création, par le gouvernement, de multiples zones industrielles préférentielles, sans prendre en compte les difficultés immédiates comme le manque de savoir-faire ou d'expérience. Une telle politique a donc engendré une structure de marché monopolistique ou oligopolistique. L'organisation industrielle qui s'en suivit, a tendu à réduire la concurrence entre les entreprises ce qui a favorisé, à son tour, l'inefficacité dans de nombreuses sociétés coréennes.

Troisièmement, la conséquence de l'étroite implication du gouvernement dans les crédits bancaires s'est traduite par l'affaiblissement du secteur bancaire coréen. Les entreprises avaient peu d'alternative pour trouver d'autres sources de financement tels que les obligations ou les actions... Malgré cela leur demande est restée forte. Elles se sont donc tournées vers les banques pour trouver ces fonds. Le gouvernement coréen qui contrôlait les taux d'intérêts restés artificiellement bas jusqu'à ces dernières années, rendait les fonds bancaires toujours très attractifs. Par conséquent, la demande de fonds bancaires a été très élevée tout au long du processus de développement. De ce fait, une inflation à deux chiffres ne fut pas étonnante au cours de ces trente dernières années. Toutes ces données du fait du recours plus fréquent des entreprises coréennes au financement bancaire ont conduit à l'augmentation des taux d'intérêts intérieurs.

Une autre manifestation de ce déséquilibre entre les banques et les industries non financières est la position comparative de chaque type d'activité sur leur marché respectif. Pour utiliser le classement de 1997 du magazine *Fortune* des 500 plus grandes entreprises en terme de taille, on remarquera la présence de 13 entreprises coréennes et de deux sociétés d'assurance. Mais la meilleure banque coréenne n'était qu'à la 136ème place en terme de fonds propres sur la liste des 1000 plus grandes banques de l'année 1997 et qu'à la 186ème place en terme de bilan. Comme conséquence de cette croissance disproportionnée entre les entreprises bancaires et non bancaires, il devenait tout à fait probable qu'un projet industriel moyen devienne trop grand comparé aux structures bancaires. Dans ces circonstances, les banques devenaient plus vulnérables en cas de défaillance d'une entreprise emprunteuse sur le marché. Certains auteurs attribuent la crise monétaire à cette faiblesse du système bancaire.

Quatrièmement, le réseau bancaire a néanmoins, au vu de ce qui précède, été un moteur efficace pour la croissance élevée du secteur industriel coréen. Lorsqu'il y a des provisions bancaires en abondance avec des taux d'intérêts réduits en faveur de ceux qui choisissent les industries ciblées par le gouvernement, cela signifie que de toute façon pour autant que le crédit bon marché soit prorogé, il va y avoir de nouvelles opportunités. Une telle stratégie s'est traduite par l'expansion des opérations d'affaires au-delà d'un niveau qui pouvait être justifié par le coût d'emprunts sur le marché. Un tel environnement a influé sur la structure financière initiale des affaires pour perdurer depuis. Le modèle résultant du financement des entreprises a eu donc un besoin croissant d'offres de fonds à taux d'intérêt bas. En menant sa politique industrielle (industries chimiques et lourdes dans les années 70 et industries « high-tech » dans les années 90), le gouvernement a continué à apporter son soutien. Cependant, la source la plus directe de subventions gouvernementales a été progressivement réduite augmentant ainsi la surcharge financière sur les entreprises coréennes. Dans un certain sens, la série de faillites du début 97 peut être été prise comme un signal de mutation des liens entre le gouvernement coréen et les industriels. Un tel signal pouvait être une information forte pour les investisseurs quant à la viabilité et à la pérennité de beaucoup de sociétés. Cela a donc amplifié le retrait des capitaux étrangers sur le marché des fonds propres coréens.

Cinquièmement, en se tournant vers les questions du marché du travail, on peut aussi remarquer que la rapide industrialisation et l'ampleur prise par l'activité économique se sont traduites par une forte demande non satisfaite de main d'œuvre avec une pénurie générale de la main d'œuvre qualifiée. Le niveau des salaires supportait de fortes pressions. Ceci a été particulièrement remarqué à la fin des années quatre-vingt quand des travailleurs organisés ont augmenté leur pouvoir dans le sillage de l'affaiblissement des positions anti-syndicalistes du gouvernement coréen. Cette étape a été considérée comme une libéralisation judicieuse des activités politiques démocratiques. Les pressions pour des augmentations de salaires sont demeurées fortes jusqu'au début des années 90. Le niveau général des salaires a connu une hausse de 12,8 % en moyenne pour 1992-96, alors que le taux d'inflation moyen n'était que de 5,3 % sur la même période. Il en résulte un taux moyen de croissance réelle des salaires de 7 à 8 %. Il est difficile de croire que cette hausse pouvait être compensée par un accroissement de productivité de même amplitude dans les mêmes délais. Il s'avère que l'accumulation rapide du capital durant cette période de référence pouvait bien représenter une bonne partie de l'augmentation de la productivité attendue.

En outre, l'influence croissante des syndicats a contribué à la rigidité du marché du travail. Le nombre de grèves a brusquement explosé en 1987 pour atteindre le nombre de 3.749 après une moyenne annuelle de 300. En augmentant l'influence et le militantisme des salariés, les syndicats ont rendu le licenciement des travailleurs plus difficile. La pratique de l'emploi à vie a également contribué à la faible mobilité du travail. Tous ces facteurs ont augmenté les coûts du travail.

Sixièmement, depuis le début des années quatre-vingt-dix, il y a eu des tentatives sporadiques pour résoudre les problèmes évoqués. Malheureusement les politiques menées ont toutes échoué. Les coûts élevés des facteurs nationaux ont commencé à éroder la compétitivité des exportations coréennes. Quelques observateurs ont souligné le manque de nouveaux produits capables de compenser les désavantages de l'augmentation des coûts en en faisant une autre explication de la perte de compétitivité. La façon par laquelle les entreprises ont tenté de répondre au déclin de la compétitivité a été la délocalisation des unités de production vers les pays du Sud-Est asiatique à bas salaires comme la Chine. Beaucoup d'entreprises de l'industrie légère ont réagi de cette manière. La croissance rapide des investissements directs étrangers reflète largement la stratégie de redéploiement de cette industrie légère coréenne. Augmenter les exportations vers les pays d'Asie du Sud-Est était en fait une autre manifestation de l'affaiblissement de la compétitivité à l'exportation. Par exemple, la proportion des exportions vers les pays d'Asie par rapport aux exportations coréennes totales est passée de 10,2 % en 1991 à 15,5 % en 1996. Bien que cette situation pouvait être interprétée comme une diversification de la destination des exportations, la part totale des exportations vers les Etats-Unis (et d'autre pays industrialisés) a décliné, suggérant une situation moins favorable. L'effet net de ce qui pouvait être considéré comme une diversification des destinations des exportations, a été néanmoins une détérioration de la compétitivité internationale des entreprises coréennes dans les échanges internationaux. En conséquence, les déficits des échanges extérieurs ont commencé à augmenter.

Septièmement, la cause la plus immédiate de la récente crise fut la politique des taux de change. Depuis le début des années quatre-vingt-dix, les autorités coréennes responsables des échanges extérieurs ont mené une politique du won fort. Les deux raisons principales de cette position étaient de garantir la stabilité des prix intérieurs et d'encourager un changement dans la composition des exportations, en favorisant les biens à plus forte valeur ajoutée pour privilégier un autre avantage que celui résultant du choix d'un won faible. Ces deux objectifs étaient raisonnables, dans le sens où ils ciblaient une résolution des problèmes cités précédemment. Cependant, avec le recul, on peut conclure que la position des politiciens était trop rigide. Et malheureusement, les pressions du marché pour la dépréciation du won, ont été partiellement déviées par l'augmentation des flux de capitaux qui a suivi leur libéralisation, mesure prise au début des années quatre-vingt-dix. Le tableau suivant donne les estimations d'un taux d'équilibre won/dollar et l'ampleur de la surévaluation du won.

Un autre facteur clé a contribué à une certaine insouciance, ce fut la consolidation du taux de change yen/dollar après les accords de Plaza de 1985. En atteignant 163 yens pour un dollar en 1986 après avoir été de 239 yens pour un dollar en 1985, le yen a plus ou moins continué à se consolider par rapport au dollar en atteignant même un pic de 84 yens pour un dollar durant le deuxième trimestre de 1995. Un yen fort a amélioré la compétitivité-prix des exportations coréenne qui sont entrées en concurrence avec des biens fabriqués au Japon. Beaucoup d'entreprises des industries chimiques et lourdes, tout comme les fabricants de semi-conducteurs, se sont réjouies d'une croissance robuste des exportations. Largement aidée par un yen fort, la Corée a connu un surplus commercial pendant quatre ans à compter de 1986.

Tableau 4 – Le taux de change réel

Période	Taux de change nominal (A)	Taux réel	Taux de change d'équilibre basé sur la parité de pouvoir d'achat (B)	A - B
Déc. 1986	864,49	104,32	828,68	35,81
Déc. 1987	794,74	104,19	762,78	31,96
Déc. 1988	685,03	88,03	778,18	-93,15
Déc. 1989	675,17	81,90	824,38	-149,21
Déc. 1990	715,75	87,29	820,01	-104,26
Déc. 1991	757,28	87,63	864,20	-106,92
Déc. 1992	788,62	88,67	889,34	-100,72
Déc. 1993	809,40	89,78	901,56	-92,16
Déc. 1994	791,86	87,52	904,78	-112,92
Déc. 1995	771,08	83,74	920,77	-149,69
Déc. 1996	839,02	86,46	970,46	-131,44
Mar. 1997	896,20	88,92	1007,82	-111,62
Juin. 1997	889,49	89,62	992,46	-102,98
Nov. 1997	1035,22	96,76	1069,84	-34,62
Déc. 1997	1494,04	134,77	1108,56	385,48
Jan. 1998	1707,30	149,10	1145,01	562,28
Mar. 1998	1498,26	133,14	1118,59	370,67
Mai. 1998	1399,05	119,30	1172,69	226,36

Source : Korean Economic Research Institute

III - Un examen approfondi des facteurs macro-économiques externes et cycliques à court terme.

En plus des problèmes structurels vus précédemment, d'autres, liés aux politiques cycliques à court terme, sont apparus pendant la crise. Ce fut le cas, par exemple, lors du pic de croissance atteint à la fin de l'année 1995. D'une certaine manière, l'économie coréenne n'a pas retrouvé son niveau antérieur de croissance depuis le ralentissement qui avait débuté en 1987. Il y avait eu des causes identifiables pour les deux reprises successives observées en 1989 et 1993. La première pouvait être attribuée à la politique stimulante du gouvernement visant à créer deux millions de logements supplémentaires. Ainsi, la croissance du secteur de la construction a atteint un taux d'environ 15 % durant cinq ans à compter de 1987. *A contrario*, ce même taux était resté bloqué à 5 % durant les trois années précédentes. La seconde reprise pouvait être principalement attribuée à l'importance des exportations de semi-conducteurs. L'appréciation du yen japonais a soutenu la reprise de 1993 qui a duré jusqu'en 1995. Et à cause des conditions économiques satisfaisantes dans la plupart des pays du G7, particulièrement aux États-Unis, la demande d'importations de produits coréens avait été forte.

A compter de la fin de l'année 1995, le contexte macro-économique a commencé à se dégrader et le Tableau 5 nous en donne un aperçu. L'environnement international est devenu défavorable et la balance commerciale s'est détériorée. Bien que la situation ne fut pas aussi sérieuse que pour les autres pays de l'ASEAN, la dévaluation du yuan chinois en 1993-94 fut aussi un facteur qui a pesé négativement sur les exportations coréennes. Le yen s'est, en conséquence, déprécié par rapport au dollar américain en 1995, affaiblissant encore davantage la compétitivité des exportations coréennes. De plus, les semi-conducteurs qui, à compter de 1986, représentaient environ le quart des exportations de la Corée, connurent une chute drastique de leur prix. Par exemple, le prix d'une puce DRAM 16 est passé de 50,6 $ en 1995 à 3 $ en février 1998. En outre, durant l'année 1997, les importations de biens de consommation et des biens de capitaux ont augmenté très fortement. Cette hausse des importations des biens de consommation n'était que la conséquence d'une politique de won fort. Par conséquent, le déficit de la balance des paiements est passé de 1,4 % du PIB en 1995 à 4,9 % en 1996. Il a presque été multiplié par quatre.

Tableau 5 - Les termes de l'échange

Périodes	Exportation Base 100 : 1995	Importation Base 100 : 1995	Termes de l'échange
1995	100,0	100,0	100,0
1996	86,6	98,8	87,7
1er trimestre 1997	77,8	98,6	78,9
2ème trimestre 1997	76,3	93,5	81,6
3ème trimestre 1997	75,1	97,1	77,3
4ème trimestre 1997	69,0	96,7	71,3
1997	74,5	96,5	77,2

Source: Bank of Korea and Korea Economic Research Institute.

Comme cela apparaît dans le Tableau 6, le rythme d'afflux de capitaux à court terme s'est accéléré de façon notable depuis 1994. Apres avoir été en dessous de 45 % jusqu'en 1994, la proportion des dettes à court terme a augmenté régulièrement et a dépassé les 60 % du total des dettes extérieures en 1997. Une telle réduction de la maturité de la dette moyenne extérieure a rendu très vulnérable la structure de l'économie coréenne, son désarroi s'est amplifié avec le mouvement de retraits rapides des capitaux étrangers.

Tableau 6 – La structure des engagements extérieurs de la Corée (en milliards de dollars)

	Fin Déc. 96	Fin Nov. 97	Fin Déc. 97	Fin Av. 98
Crédits à LT	57,5	72,9	86,0	113,3
Crédits à CT	100,0	88,9	68,4	41,9
Total	157,5	161,8	154,4	155,2

Source : Ministère de l'Economie et des Finances.

Les entreprises coréennes ont continué néanmoins à soutenir leurs activités par l'endettement. Par exemple, l'effet de levier moyen pour les trente plus grandes entreprises fut de 387 % en 1996. Ainsi, le fardeau d'un service de dette pesant a, non seulement, diminué la rentabilité, mais aussi exposé le secteur des entreprises à des faibles marges brutes d'auto-financement. La stagnation des exportations depuis 1995 a réduit progressivement les profits des entreprises.

En effet, au début de l'année 1997, il y a eu une série de faillites d'entreprises célèbres. Les chutes respectives en janvier et septembre 1997 des groupes Hando et Kia ont été à la fois soudaines et spectaculaires. Ces évènements d'une ampleur considérable ont touché, à court terme, tout le secteur commercial coréen. Cette situation a entraîné une détérioration des profits du secteur bancaire en raison notamment de la concentration des prêts sur des entreprises en difficultés (Jwa et Huh 1998). Si on adopte une définition plus large au regard des données fournies par les statistiques officielles sur les créances douteuses des banques coréennes, la proportion de telles créances est passée de 3,9 % à la fin

1996 à 6,6 % en septembre 1997. Pour les deux banques les plus exposées, ce ratio est passé de 6,7 % et 9,3 % à la fin 1996, à respectivement 17 et 15 % en septembre 1997.

Une telle détérioration de la position des banques coréennes fut largement prise en compte par les marchés financiers internationaux. L'un des effets immédiats a été la réduction des engagements des filiales des banques étrangères sur les banques coréennes. Cette réduction du niveau d'engagement des banques internationales vis-à-vis des banques coréennes a contraint les autorités à utiliser les réserves de change en devises étrangères pour soutenir l'activité internationale des banques coréennes. La réduction du niveau d'engagement des banques étrangères a conduit à une baisse drastique de l'offre de crédits jusqu'à la fin de l'année 1997. Cette situation a été le facteur décisif pour conduire à l'exacerbation de la crise monétaire à la fin de 1997.

En somme, la conjugaison d'une crise financière intérieure et de l'instabilité des marchés étrangers, notamment des pays de l'ASEAN, s'est transformée en une crise monétaire de grande ampleur. Les effets de débordement ou du moins de contagion de la crise des pays de l'ASEAN sur la Corée furent inévitables. Des doutes à propos de la viabilité du régime de taux de change a engendré une véritable fuite des capitaux de la région. Un tel environnement n'a fait que renforcer et même intensifier l'ampleur de la crise sur le marché international de change.

Les pressions sur le taux de change du won se sont donc poursuivies jusqu'au début de l'année 1997. Une autre indication très nette de la surévaluation du won a été l'écart du change entre les marchés national et international. L'écart du taux de change international won/dollar par rapport au taux pratiqué sur marché national a atteint presque 30 %. Cependant, les autorités monétaires ont cherché à résister avec vigueur à ces pressions. Au regard du niveau de change du won obtenu au printemps 1997, on peut admettre que les autorités ont résisté avec succès aux pressions pour la dévaluation du won.

Mais, les pressions se sont intensifiées notamment à la suite du déclenchement de la crise de l'ASEAN, en juillet 1997. Les autorités monétaires coréennes ont continué malgré tout à dépenser les réserves de change afin de défendre et/ou de ralentir la dépréciation du won. Ces efforts ont été vains. A la suite de cet engagement, il en a résulté une diminution drastique des réserves de change observable avec le Tableau 2. Le rythme de sortie de capitaux s'est accéléré et les pressions pour une dépréciation du won sont devenues insoutenables du fait de la réduction des réserves de change. La perspective de ne plus pouvoir remplir les obligations extérieures est devenue réelle. Cela a donc nécessité l'intervention du Fonds Monétaire International.

IV - Un examen approfondi et quantitatif des effets d'un won fort.

A ce niveau d'analyse, nous allons essayer d'ajouter un contenu plus quantitatif à l'analyse des déterminants d'une surévaluation des taux de change du won coréen observée précédemment. Notre approche dans cette section sera d'estimer un modèle de séries temporelles du taux de salaire, de la productivité de travail et du niveau général des prix en utilisant des données remontant à 1970 comme point de référence. Une fois que nous aurons établi ce modèle, nous pourrons examiner le comportement des diverses variables. Nous vérifierons également si certains facteurs cités dans les sections précédentes, sont l'une des causes du comportement inhabituel de ces variables dans le modèle.

La structure de base du modèle repose sur trois variables essentielles : le salaire nominal, la productivité du travail et l'indice de prix à la consommation. Cette structure repose sur une intuition selon laquelle le taux de salaire et la productivité du travail évoluent conjointement et peuvent donc avoir une relation de co-intégration sur un horizon à long terme. A la lumière de ce qui précède, le salaire réel peut être divisé en deux composantes, à savoir le salaire nominal et le niveau de prix. Ainsi ces variables ont permis de construire trois systèmes de variables du modèle vectoriel à correction d'erreur. La Tableau 7 montre une estimation des résultats du modèle de base qui utilise des données de 2 périodes représentatives du 1er trimestre 1975 au 4ème trimestre 1987 et du 1er trimestre 1975 au 4ème trimestre 1996.

La Tableau 7 montre que ce modèle explique davantage l'inflation et l'évolution des salaires nominaux que la productivité. Par intuition, on peut s'attendre à une plus forte cohérence entre les salaires et l'inflation qu'entre l'un ou l'autre de ces éléments avec la productivité. Il est intéressant de noter que le modèle vectoriel à correction d'erreur ne joue significativement que pour l'équation de l'inflation pour la première période de l'échantillon, et ensuite, pour l'équation du salaire pour la seconde période. Un tel constat suggère que les relations entre les deux variables, le salaire nominal et l'indice des prix, auraient changé depuis 1987. En terme de dynamique à court terme, il y a généralement plus d'interactions entre le salaire nominal et l'inflation (indice des prix à la consommation) qu'entre ces deux variables et la productivité.

Tableau 7 – Le modèle vectoriel à correction d'erreur

Salaire nominal, indice de prix à la consommation et *output* horaire

	1975-1 – 1987- 4			***1975-1 – 1996- 4***		
Variables	*Δ*CPH	*Δ*PDF	*Δ*OPH	*Δ*CPH	*Δ*PDF	*Δ*OPH
Constant	0,04 (1,55)	**0,028** **(1,96)**	**0,03** **(2,34)**	**0,07** **(4,92)**	0,00 (-0,09)	0,01 (1,70)
*Δ*CPH t-1	**-0,71 *** **(-2,19)**	**-0,49** **(-2,62)**	-0,12 (-0,79)	**-0,40** **(-3,06)**	0,66 (0,85)	0.13 (1.96)
*Δ*CPH t-2	-0,03 (-0,10)	-0,28 (-1,42)	0,04 (0,25)	-0,10 (-0,67)	0,15 (1,59)	**0,14** **(1,86)**
*Δ*CPH t-3	**0,48** **(1,70)**	-0,26 (-1,65)	0,11 (0,84)	0,14 (0,97)	0,06 (0,65)	0.11 (1.48)
*Δ*CPH t-4	0,11 (0,50)	0,08 (0,66)	0,05 (0,50)	0,13 (1,07)	0,12 (1,60)	0.09 (1.38)
*Δ*PDF t-1	**-0,45** **(-1,71)**	-0,00 (-0,05)	-0,06 (-0,54)	-0,15 (-0,79)	0,15 (1.31)	0.02 (0.20)
*Δ*PDF t-2	**0,52** **(1,97)**	0.21 (1,38)	0,08 (0,64)	**0,51** **(2,64)**	**0,39** **(3,32)**	0.09 (0.95)
*Δ*PDF t-3	-0,00 (-0,00)	**0,32** **(2,12)**	0,08 (0,64)	-0,11 (-0,55)	0,20 (1.73)	0.05 (0.47)
*Δ*PDF t-4	0,16 (0,61)	0,18 (1,19)	0,03 (0,25)	0,20 (1,14)	-0,08 (-0,72)	-0.05 (-0.51)
*Δ*OPH t-1	0,22 (0,47)	0,61 (2,22)	-0,48 (-2,13)	-0,34 (-1,15)	0,03 (0,17)	-0.51 (-3.43)
*Δ*OPH t-2	0,11 (0,20)	0,38 (1,23)	-0,24 (-0,96)	-0,55 (-1,70)	-0,05 (-0.26)	-0.25 (-1.58)
*Δ*OPH t-3	-0,05 (-0,11)	0,21 (0.73)	-0,23 (-1.00)	-0,59 (-1,87)	-0,12 (-0,63)	-0.22 (-1.44)
*Δ*OPH t-4	-0,34 (-0,85)	0,11 (0,47)	0,02 (2,34)	-0,79 (-2,87)	-0,02 (-0,12)	-0.10 (-0.77)
EC (-1)	0,18 (0,95)	0.41 (3,59)	0,15 (1,63)	-0,09 (-3,74)	-0,02 (-1,06)	-0.01 (-0.56)
R^2/adj.R^2	0,44 (0,22)	0,73 (0,63)	0,39 (0,15)	0,42 /0,31	0,59 /0,52	0.22 /0.07
S.E.E.	0,05	0,03	0,02	0,04	0,03	0,02

Δ CPH : Growth rate in Compensation for an hour; *Δ* PDF : Growth rate in Consumer price index; *Δ* OPH : Growth rate in Output per hour: EC (-1) : Error Correction Term;

EC (1975-4 1987-4) = CPH – 0,380449PDF – 1,239144OPH + 0.003717

EC (1975-1 1996-4) = CPH + 1.312306PDF – 5,030434OPH – 0.731934

* Numbers in parentheses are t-statistics. Significant cases (5% or less) are marked by bold prints.

Notre intention est d'utiliser le modèle comme cadre de référence pour comprendre l'ampleur des déséquilibres de l'économie coréenne à la fin des années quatre-vingt ainsi qu'à la fin des années quatre-vingt-dix.

Tableau 8 - Prévisions statistiques
(1er trimestre 1988 – 2ème trimestre 1996)

Modèle de base

	Mean errors	Mean absolute errors	Root mean square	Number of observations
1 Quarter ahead	- 0,075	0,077	0,089	36
2 Quarter ahead	- 0,078	0,081	0,914	35
3 Quarter ahead	- 0,108	0,110	0,124	34
4 Quarter ahead	- 0,115	0,115	0,128	33
6 Quarter ahead	- 0,147	0,147	0,162	31

Modèle avec taux de change variable

	Mean errors	Mean absolute errors	Root mean square	Number of observations
1 Quarter ahead	- 0,038	0,055	0,066	36
2 Quarter ahead	- 0,020	0,051	0,059	35
3 Quarter ahead	- 0,028	0,059	0,068	34
4 Quarter ahead	- 0,009	0,062	0,070	33
6 Quarter ahead	- 0,002	0,063	0,072	31

L'une des manières permettant au modèle de faire ressortir les données critiques est de comparer la précision du modèle avec les données réelles. Pour ce faire, nous appliquerons le modèle en utilisant les données de l'échantillon depuis le premier trimestre 1975 jusqu'au quatrième trimestre 1996 pour réaliser une prévision du premier trimestre 1975 jusqu'au quatrième trimestre 1996. La partie haute du Tableau 8 fournit les données statistiques précises de la prévision du modèle pour l'inflation. L'erreur de prévision est mesurée par la différence entre l'inflation nominale et la prévision. Les signes négatifs sur des erreurs moyennes suggèrent cette erreur. Les résultats ne sont pas surprenants pour la hausse rapide des salaires nominaux durant la période de prévision. Il est important de noter que la moyenne des erreurs et la moyenne absolue des erreurs ont la même amplitude mais avec un signe opposé. C'est une indication claire que le modèle a fourni une prévision qui allait au-delà des attentes.

L'une des hypothèses de la discussion de la dernière section est que le fort taux d'échange du won a permis de maintenir un niveau bas d'inflation, malgré la très forte croissance des salaires. Cette hypothèse peut être vérifiée en mesurant l'impact qui résulterait de l'ajout d'une variable taux de change dans le modèle. La partie basse du Tableau 8 compare la précision des mesures prévues par le modèle en incluant un taux de change variable. La variable utilisée dans cet exercice est la différence entre le taux de change actuel won/dollar et la parité du pouvoir d'achat basée sur un taux de change d'équilibre. Les deux apparaissent dans le Tableau 5. Ils sont à comparer avec ceux du tableau précédent. Le contraste le plus important apparaît avec une moyenne des erreurs très faible dans le cas du taux de change. Par exemple, pour les prévisions, l'erreur du modèle avec le taux de change est d'environ un soixante-dixième vis-à-vis du modèle de base. L'addition de la variable du taux de change réduit clairement la tendance du modèle à réaliser une très bonne prévision de l'inflation réelle. On peut expliquer le niveau élevé d'inflation depuis la fin des années 1980 par la surévaluation du taux de change du won coréen.

V - Quel pronostique peut-on faire après la crise ?

Le FMI est intervenu en prescrivant un ensemble de reformes à engager qui du reste ont conduit, non seulement, à un durcissement des conditions crédits au niveau national, mais aussi à une austérité fiscale. Bien qu'une politique monétaire restrictive soit nécessaire pour la stabilité d'un marché de change, nous pensons qu'il n'est pas nécessaire qu'une telle politique soit appliquée immédiatement après la crise. Comme nous l'avons évoqué dans la section précédente, la crise était plutôt liée à une défiance généralisée des prêteurs à l'égard de l'économie coréenne qu'aux conséquences d'un déséquilibre des paiements dû à une augmentation des importations conjuguée à une demande nationale soutenue. La prescription d'une politique fiscale et monétaire drastique n'est vraiment désirable que dans la mesure où ces politiques aident à « calmer les nerfs à vif des investisseurs étrangers ». La politique imposée par le FMI ne peut être davantage comprise de la part de préteurs qui ont engagé une part considérable d'un capital rare à un débiteur incertain : le FMI doit s'assurer qu'il peut compenser les ressources financières attribuées à la Corée sur la base d'une aide d'urgence. Pour ce faire, vous devez débuter sur les bases des prescriptions politiques qui ont marqué précédemment leur plein succès. Peut-être, le fait que cela ait marché dans le passé apparaîtrait comme plus important pour les décideurs que le sentiment que le malaise coréen nécessite une médecine différente de celle qui a été prescrite plus tôt aux pays d'Amérique Latine.

Plusieurs indicateurs du commerce extérieur suggèrent que la crise des liquidités extérieures à court terme est plus ou moins achevée en 1998. Le taux de change won/dollar est demeuré stable à 1.400 wons le dollar pendant plusieurs mois. Les réserves de change officielles se sont stabilisées à 34,4 milliards de dollars à la fin mai 1998. Le total de la dette extérieure reste toujours élevé, mais avec l'achèvement du processus de restructuration de la dette en 1998, les échéances de la dette ont été prorogées et les institutions financières coréennes soulignent qu'elles rencontrent désormais peu de difficultés pour l'obtention du refinancement de leurs engagements internationaux. Malgré l'apparente stabilité du marché international de change, l'économie coréenne n'est pas encore complètement tirée d'affaire.

En 1998, ont peut dire qu'elle est entrée sur un terrain inexploré. En effet, des mesures de reformes qui furent auparavant impensables dans les secteurs industriel et bancaire, ont pu être adoptées. Une telle situation aurait constitué un véritable défi en temps normal. Cependant, on doit souligner la gravité de la situation et les multiples problèmes que cela a fait naître, car les réformes ont été entreprises au moment où le pays doit affronter un taux de chômage sans précédent. Malgré les reformes entreprises, la situation n'est pas encore assainie. En effet, le taux de chômage a bondi au quatrième trimestre de 1997 de 2,8 % à 5,3 %. Selon l'avis des experts, il devait encore augmenter dans le futur proche, du fait des ajustements déjà entamés dans les banques et le milieu des affaires. Au cours du premier trimestre, la production industrielle et les exportations ont connu une baisse de près de 8 %. Une contraction de 5 % des stocks durant la même période suggère, du fait des réductions de la production industrielle et des expéditions à l'étranger, qu'elle n'est pas un simple ajustement temporaire. Les indicateurs du niveau de l'investissement intérieur ont également enregistré une chute en 1997. La production industrielle et les commandes de machines ont registré en mars des baisses respectives de 10 et 51 % sur un an. Les commandes dans le bâtiment et les demandes de permis de construire ont aussi baissé de 20 % au cours du même mois. La plupart des indicateurs de la consommation tels que les ventes au détail et de gros, a fortement baissé au cours du premier trimestre 1998. Pourtant la balance courante des comptes a enregistré un excédent de 107 dollars milliards sur la même période. Mais l'augmentation modérée des exportations (8,7 % sur une base annuelle) et la réduction brutale des importations (-35,4 % sur une base annuelle) ont davantage contribué à cet excédent. Par ailleurs, des réductions continues dans les importations ne seraient pas de très bon augure si l'on veut continuer à soutenir une croissance des exportations.

Cette situation reste préoccupante, car la politique économique adoptée pour relancer l'économie est prise de concert avec le FMI. Or, les autorités coréennes pourront véritablement associer le FMI que si elles arrivent à montrer qu'elles sont en mesure d'adopter des mesures de politiques économiques capables de préserver la viabilité de l'économie coréenne à long terme. Si les restructurations sont envisagées dans cette optique, on peut admettre que l'on pourra résoudre les difficultés actuelles en s'attaquant aux racines du mal.

Le premier programme de politique économique qui pourrait être envisagé devra être la baisse des taux d'intérêts. En effet, le poids de la dette pèse lourdement sur les entreprises coréennes. Aussi, selon notre point de vue, le niveau actuel des taux d'intérêt ne se justifie pas. En outre, le gouvernement coréen devrait *in fine* adopter une politique fiscale plus flexible. C'est une pratique courante dans les économies avancées d'établir une distinction entre les déficits cycliques et structurels que peut connaître un pays. Par exemple, si on se réfère aux critères de convergence fixés par les accords de Maastricht pour les pays qui souhaitaient adopter l'euro, on doit admettre que le niveau du déficit budgétaire acceptable pour les pays adhérents était décrit en terme structurel. Dans le contexte actuel de l'économie coréenne, il est maintenant temps de se livrer à une véritable politique fiscale en liaison avec les déficits observés.

VI - Après la crise : le dilemme politique

Le dilemme fondamental que traverse l'économie coréenne est le suivant.

- D'une part, comme nous l'avons examiné plus haut, la cause essentielle qui sous-tend les problèmes structurels que rencontre actuellement la Corée résulte de l'affaiblissement institutionnel du dirigisme des pouvoirs publics sur le marché. Les pouvoirs publics ont largement compté sur leur capacité à inciter et à persuader les banques d'affaires à soutenir les entrepreneurs locaux. Mais réduire peu à peu le rôle central de l'Etat par une impulsion des mécanismes du marché, est à notre avis la principale priorité. Par exemple, c'est l'Etat qui a durci les conditions d'emprunts internationaux à long terme, poussant ainsi les banques et les entrepreneurs coréens à recourir aux emprunts à court terme. Cela nous conduit à nous demander si la concentration actuelle de l'endettement à court terme n'aurait pas été plus faible dans l'hypothèse où l'Etat se serait complètement abstenu de contrôler la structure des échéances de la dette extérieure.

- D'autre part, les conditions économiques actuelles déjà très pesantes pourraient de nouveau se détériorer et provoquer *in fine* une explosion sociale et économique. Il y a besoin d'un dispositif important permettant de soutenir la mise en œuvre des reformes visant à corriger les négligences du passé. Le gouvernement pourrait être le seul joueur qui serait en mesure de moduler la vitesse ainsi que l'ampleur d'une récession économique. Ces deux considérations appellent un rôle actif de la part de l'Etat. Par exemple, l'Etat doit prendre des mesures visant à régler la question des créances non performantes des banques. Sans une solution à ce problème, les banques à privatiser ne trouveront pas preneurs.

En effet, décider ce qu'il faut faire et ne pas faire dans les circonstances actuelles n'est pas une tâche facile. Au même moment, s'engager dans une reforme prioritaire est un impératif suprême. Les priorités les plus importantes devraient être les suivantes : premièrement, s'engager dans la lutte contre le chômage qui, selon les prévisions, devrait atteindre plus de dix pour cent de la population active en 1998. Les Coréens n'ont jamais connu un tel niveau de chômage depuis plus de trois décennies. De ce fait la disparition d'un nombre d'emplois sans précédent vient renforcer l'inquiétude et l'incertitude que ressentent actuellement les travailleurs quant à l'avenir. Améliorer la flexibilité du marché du travail pour réduire le chômage est l'une des solutions parmi celles qui sont préconisées par bon nombre d'économistes qui étudient l'économie coréenne. En conséquence, les difficultés actuelles que rencontre le marché du travail coréen, pourraient être l'un des catalyseurs d'un marché du travail plus flexible dans le futur. D'un autre côté, l'ampleur actuelle du chômage pourrait faire remonter en surface d'autres problèmes économiques latents.

Deuxièmement, la réhabilitation du secteur bancaire coréen a besoin d'être traitée comme un problème politique urgent. A l'inverse, l'impact de la désintermédiation financière amplifie le niveau de réduction de l'activité économique. En outre, le problème des créances douteuses dans les bilans des banques nécessite une attention particulière des pouvoirs publics, or cette situation empire de jour en jour et il devient très urgent de la traiter. Toutefois, seules des actions de restructurations décisives et rapides pourront restaurer aussi bien la confiance des investisseurs internationaux sur la viabilité du secteur bancaire coréen que la crédibilité de l'Etat dans son aptitude à résoudre les difficultés actuelles.

Conclusion

La plupart des indicateurs macro-économiques donnaient pourtant le signal que les choses allaient sérieusement mal jusqu'à la fin de 1997. Parmi les causes probables de la crise on peut évoquer la forte défiance soudaine de la part d'investisseurs étrangers. Cependant, malgré un *modus operandi* du capital étranger, nous devons faire des efforts pour mettre en place toutes les réformes structurelles nécessaires à l'économie coréenne sur le long terme. La crise actuelle a mis l'accent sur le besoin de reformer des pans entiers de cette économie.

Cependant, la conjoncture économique se détériore très rapidement à court terme. Si cette conjoncture continue de se dégrader, le gouvernement coréen sera dans l'impossibilité d'adopter les réformes socio-économiques indispensables. Ainsi, dans la perspective d'une réussite des réformes structurelles, ces efforts doivent être entrepris pour stopper la régression de l'économie coréenne.

On doit tout de même admettre, que la crise actuelle n'a pas infligé des dommages structurels trop sévères. Une leçon à tirer de l'expérience de cette crise est qu'elle a provoqué une prise de conscience de l'Etat, des entrepreneurs, des médias et de l'opinion publique sur la nécessité d'améliorer l'efficacité dans tous les secteurs. En effet, depuis l'adoption des reformes du FMI, la Corée subit des changements institutionnels importants qui n'auraient jamais pu être mis en place en l'absence d'une crise d'une telle ampleur.

Bibliographie

- Ch'oe, Tu-yöl (1998), "The Causes of Korea's Currency Crisis: With Emphasis on External Environment" *Working paper*, Korea Economic Research Institute.
- Hwang, In-hak (1998), "Market Structure and Economic Efficiency) *Working paper*, Korea Economic Research Institute.
- Huh, C., and B. Trehan (1995), "Modeling the Time-Series Behaviour of the Aggregate Wage Rate" *Economic Review* (Federal reserve Bank of San Francisco) 1:1-13.
- Jwa, Sung-Hee, and C. Huh (1998), "Risk and Returns of Financial-Industrial Interactions : The Korea Experience" *Working Paper*, Korea Economic Research Institute.
- Kaminsky, G., and C Reinhart (1996), "The Twin Crisis: the Causes of Banking and Balance of Payments Problems" *International Finance Discussion Paper*, N° 544, Board of Governors of the Federal Reserve System.
- Kim, Tae-il, and Yi chu-Ho (1997), "Reforms and Changes in Korean Labor Market", KDI *Journal of Economic policy* III: 5-60.
- Korea Federation of Employers, ed. 1997, *Surveys* on Redundancy and Early Retirement System.
- Pak, Tae-gyun, and Yi Ch'ang-yong (1998), "Korea's Curruency Crisis: Developments and Lessons", *Mimeo*.
- Shepard, W.G. (1982), "Causes of Increased competition in the US Economy, 1939-1980" *Review of Economics and Statistics*, 64: 613-626.

- "The Global 500 List" Fortune, August 1997.
- "The Top 1000 Banks" the Banker, July 1997.
- Yi, Yöng-söp, and Yi chong-uk (1998.), "Was Korea's Currency Crisis predictable?" *Mimeo*.

Les réformes gouvernementales en Corée

Gouvernement-entrepreneur ou gouvernement démocratique?[9]

KIM BYONG-SEOB

Une révolution dans le management public s'est étendue au monde à partir de la fin des années soixante-dix jusqu'au milieu des années quatre-vingt-dix (Kettl 1997). Des gouvernements du monde entier ont adopté des réformes en matière de gestion pour accroître la productivité du secteur public. La Corée fait partie de ces pays là. Le cœur des réformes gouvernementales qui ont été entreprises dans les pays industrialisés, porte sur l'incorporation de l'esprit d'entreprise et des techniques de gestion dans le management gouvernemental.

A travers l'histoire, les pays développés n'ont pas toujours poursuivi l'idée d'un entrepreneuriat gouvernemental. Comme Arnold l'a montré (1995), l'histoire des reformes administratives américaines consiste

---

[9] **KIM Byong-Seob** "*Government Reforms in Korea Entrepreneurial Government or Democratic Government?*" pp. 48 - 71, **Korea Journal**, Vol. 39, N° 2, Summer 1999

en un développement en trois étapes. Dans la première qui a été initiée par Théodore Roosevelt en 1905 et poursuivie jusqu'en 1949, le principal programme de réformes portait sur la « dépolitisation ». Pendant cette période, l'administration publique a continué à poursuivre la « centralisation » d'un côté et la « standardisation » ou la « formalisation » de l'autre. La seconde étape des réformes administratives a débuté en 1964 et s'est poursuivie jusqu'en 1972. Son principal objectif était de renforcer le rôle du président dans la préparation et la mise en œuvre de la politique publique. La troisième étape des réformes qui a été entamée sous l'administration Reagan et qui s'est poursuivie sous la présidence Clinton, a mis en évidence les dangers d'un gouvernement noyé sous une bureaucratie importante. Pendant cette période, une antipathie massive à l'encontre du gouvernement a prévalu. Beaucoup de gens étaient convaincus de l'insensibilité du gouvernement aux désirs et à la volonté du peuple. Et ils doutaient même de son aptitude à prendre à bras le corps les demandes jugées prioritaires par la société.

Osborne et Gaebler (1992) ont prétendu que l'introduction de l'esprit d'entreprise était nécessaire pour moderniser la politique du gouvernement. Le rapport du Vice-Président Al Gore (1993) affirmait que 5 américains sur 6 attendaient des changements dans le gouvernement fédéral et que l'unique solution pourrait être l'émergence d'un gouvernement-entrepreneur.

L'approche de l'entrepreneuriat gouvernemental comme une voie pour l'innovation du gouvernement n'est pas le seul fait des Etats-Unis. Les « régimes néo-libéraux » tels qu'on les a désignés dans les pays capitalistes occidentaux au cours des années quatre-vingt, poursuivaient clairement cette approche qu'on désigne sous le vocable de

« Nouvelle Gestion Publique » (New Public Management - NPM) (OCDE 1995 ; Hood 1995). La Nouvelle Gestion Publique ou l'entrepreneuriat gouvernemental agit comme « une petite et efficace » organisation. Cette approche est devenue également celle qu'a adoptée le Japon qui l'a lui-même importée de l'Europe de l'Ouest.

La Corée a adopté également la même approche dans le cadre de ses réformes gouvernementales. En même temps que le secteur privé bénéficie d'un développement rapide en Corée, le secteur public connaît quant à lui des mutations beaucoup plus lentes. Comme dans d'autres pays et encore plus en Corée, le gouvernement est critiqué pour son manque d'écoute et son immobilisme à l'égard des intérêts spéciaux, ce qui provoque l'antipathie du public envers le gouvernement. Ainsi, toutes les administrations de Roh Tae-Woo à Kim Dae-Jung, ont eu des initiatives de réformes. En particulier la Commission du Plan et du Budget du gouvernement de Kim Dae-Jung déclarait que l'entrepreneuriat gouvernemental ou le gouvernement professionnel serait l'orientation majeure des réformes gouvernementales.

De plus, les gouvernants recherchaient désormais la croissance de la productivité par le biais d'administrateurs professionnels. Dans une conjoncture marquée par de fortes exigences en matière de formation, le secteur éducatif a également introduit l'idée de réformes censées conduire à un gouvernement entrepreneurial (O 1995).

Cependant, ces tentatives n'ont pas connu d'évaluations critiques comme dans beaucoup de pays industrialisés. Par conséquent, il est difficile d'obtenir un compte rendu équilibré et sans parti pris, de l'impact des réformes gouvernementales ayant permis d'éviter les possibles effets négatifs des réformes. Mais les bases culturelles, sociales et économiques des réformes en Corée diffèrent de celles des pays occidentaux. Nous n'avons pas mené un débat approfondi sur les conséquences de l'adoption des mêmes mesures en Corée que celles prises dans les pays occidentaux.

L'objet de cet article est de mettre en lumière, dans une première section, les fondements du modèle de « l'entrepreneuriat gouvernemental » et de souligner, dans une deuxième section, les réformes qui ont conduit à la mise en place de cet entrepreneuriat gouvernemental en Corée, puis dans une troisième section, d'examiner d'une manière plus approfondie les réformes entreprises en Corée dans le cas, d'une part d'un gouvernement démocratique et d'autre part, dans le cadre d'un entrepreneuriat gouvernemental.

I. Les contenus de l'entrepreneuriat gouvernemental

Il n'y a pas qu'un seul modèle dans l'approche des réformes publiques. Beaucoup de pays ont répondu favorablement aux demandes de réformes et ont expérimenté ces réformes de façons différentes. Néanmoins des tendances communes de réformes peuvent être identifiées. Deux éléments vitaux de la nouvelle gestion publique ou entrepreneuriat gouvernemental se détachent : un plus grand accent est mis sur les clients, un remplacement des structures hiérarchiques centralisées par des structures plus compétitives et autonomes respectant l'environnement et bénéficiant d'une gestion décentralisée. Selon Gore (1993), l'entrepreneuriat gouvernemental devrait respecter les quatre principes suivants : mettre les clients au premier plan, bien mentionner les seuils d'alerte, fixer aux employés des objectifs de résultats qui *in fine* conduiront à une bonne gouvernance.

A - Clientèle et gouvernement

L'approche d'un gouvernement entrepreneurial met l'accent sur la satisfaction de la clientèle. Bien que les citoyens autant que les clients ont leur place en démocratie, l'approche du gouvernement entrepreneurial préfère utiliser le terme « client » plutôt que le terme « citoyen ». Les citoyens sont les propriétaires de leur gouvernement. Ils peuvent participer au processus de décision démocratique, mais ils ont rarement la chance d'influencer les politiques ou les comportements des institutions publiques qui affectent directement leurs vies. Les clients ne sont pas propriétaires, mais ils reçoivent les bénéfices d'un service spécifique et ils reconnaissent que le commerce privé dont ils ne sont pas propriétaires, travaille plus assidûment que leur propre gouvernement pour satisfaire leurs besoins.

Toutefois, les précédentes réformes administratives se sont attachées à l'amélioration des procédures de participation. Ainsi, les gouvernements entrepreneuriaux ont mis l'accent sur les résultats ou la résolution des problèmes plutôt que sur la régulation ou la procédure. En d'autres termes, la précédente stratégie de contrôle des besoins tels que les coûts du personnel, a laissé la place à une stratégie de contrôle des résultats telle qu'atteindre un certain niveau de satisfaction de la sécurité publique, par exemple.

Les gouvernements entrepreneuriaux sont supposés écouter attentivement leurs clients en utilisant des études centrées sur des groupes sociaux et sur leurs préférences. En Angleterre, aux Etats-Unis et au Canada, l'un des dispositifs de la réforme a été d'ériger une charte des citoyens, des normes des services à la clientèle et un plan d'harmonisation des services décrivant en détail les besoins des clients. En outre, il est important que tous les clients soient informés du niveau de qualité des services mis à leur disposition. Cela est fait dans le but de susciter la participation des clients et d'améliorer la qualité des services.

Les gouvernements entrepreneuriaux restructurent leurs opérations de base pour répondre aux besoins des clients. Ils utilisent également les dynamismes du marché tel que la compétition et le choix du client, afin de créer des incitations qui conduisent les employés à mettre en avant le client. En d'autres termes, comme la compétition sur les marchés met les clients à même d'acquérir des produits de meilleure qualité avec plus d'options et à des prix plus raisonnables, le gouvernement entrepreneurial met en place sa stratégie en exacerbant la compétition et développant la diversification des choix. Cette stratégie résulte, en règle générale, des diverses attentes des clients.

B - Réorganisation et réduction des effectifs.

Les gouvernements entrepreneuriaux cherchent constamment des moyens permettant d'améliorer à moindre coût, l'action du gouvernement. A cet effet, ces gouvernements utilisent certains leitmotivs : supprimer les activités qui ne sont plus nécessaires, privatiser des services qui ne sont plus de la responsabilité du secteur public d'un point de vue stratégique, de ne plus fournir des services que le marché est en mesure d'offrir à de meilleures conditions. Par exemple, le secteur privé sera mieux à même d'offrir et de développer ses compétences du fait de la spécialisation et de la différenciation de taille. Lorsqu'il y a variation de la charge de travail et des possibilités de changement technologique rapide, le secteur privé peut offrir des économies d'échelle et une très grande flexibilité. En d'autres termes, le gouvernement doit mettre l'accent sur la fonction de direction (*steering function*) plutôt que sur celle d'orientation (*rowing function*) pour privatiser un secteur. Le gouvernement doit en outre abandonner les activités obsolètes, éliminer les doubles emplois et mettre fin aux privilèges. Regrouper les départements est aussi une stratégie ancienne permettant de réduire les inefficacités causées par un chevauchement de tâches similaires et éventuellement augmenter l'efficacité de la politique en ciblant des résultats.

Avec ces réformes, les gouvernements entrepreneuriaux ont réussi de manière significative à réduire le nombre de fonctionnaires. Le gouvernement australien a mené une réorganisation drastique en 1987. Lors de ce processus, le nombre de départements ministériels a été réduit de 28 à 18 grâce à des regroupements incluant le Ministère des Affaires Etrangères et le Ministère du Commerce. En Nouvelle Zélande, durant les dix dernières années, plus de cinquante départements ministériels ont été, par exemple, regroupés ou supprimés, les Ministères de l'Energie et du Tourisme ont été supprimés et les Ministères du Commerce et de l'Industrie ont été regroupés dans le Ministère des Négociations Commerciales. Autre exemple, le nombre total des fonctionnaires du Ministère des Transports est maintenant de 63 ce qui représente moins de 1 % du nombre total des employés de 1987 (4.203).

Le Japon a réduit le nombre de ses ministères de 22 à 11 et poursuit un programme à long terme, de réduction du nombre des fonctionnaires. Ce programme est mené depuis 1968. Il en résulte que le nombre d'employés du service public dont le coût s'élevait à 898.000 yens à la fin de 1967, a baissé pour atteindre 854.000 yens en 1999. Dans le même temps, le budget annuel qui s'élevait à 3.800 milliards de yens en 1967 a été multiplie par près de vingt (soit 75.000 milliards de yens). Le nombre d'emplois du service public, en comparaison, a diminué de 44.000 postes. En conséquence, l'efficacité du budget a été multipliée par dix. Aux Etats-Unis, la taille de la main d'œuvre civile fédérale a été réduite à 351.000 postes, représentant la plus petite administration depuis Kennedy, en terme de pourcentage de la main d'œuvre nationale et la plus petite depuis 1931. Le gouvernement Clinton est également connu pour avoir réalisé une économie de 177 milliards de dollars sur une période de cinq ans (http://www.npr.gov/whoweare/history2.html).

C - Mettre fin à la bureaucratie.

La notion de « gouvernement entrepreneurial » du rapport Gore (1993) met clairement l'accent sur le fait que le cœur du problème ne résulte pas des faux pas et de l'incompétence des agents, mais plutôt d'une régulation excessive et de la bureaucratie. Ces règles et procédures redondantes que le rapport fait valoir, créent un cercle vicieux qui engendre une bureaucratie de plus en plus improductive provoquant de plus en plus de tâches administratives. Evidement la question de la responsabilité peut être posée pour, par exemple, l'accomplissement des obligations statutaires ou la fourniture correcte des services de base. Toutefois, ces mécanismes frustrent les 95 % des agents administratifs qui sont dignes de confiance pour contrôler les 5 % qui ne le sont pas (Osborne et Gaebler 1992, 111).

Ainsi, les gouvernements entrepreneuriaux abandonnent la bureaucratie, système dans lequel les gens sont tenus pour responsables en suivant des règles complexes, au profit d'un système où ces mêmes personnes sont conduites à atteindre des objectifs réalistes qui leur sont fixés. La gestion entrepreneuriale rationalise les budgets, l'utilisation du personnel et des équipements permettant ainsi aux organisations de mieux remplir leur mission. Elle réoriente les systèmes de contrôle pour prévenir les difficultés au lieu de simplement punir ceux qui font des erreurs. La gestion entrepreneuriale supprime les lois non nécessaires pour un contrôle efficace et celles qui empêchent les innovations, elle déréglemente les organisations qui dépendent d'elle, comme les services subalternes de l'administration.

L'une des stratégies possibles pour lutter contre la bureaucratie telles que l'on peut le voir dans le « Sunset Laws » repose sur l'adoption d'un cadre de résolutions pour l'application des contrôles, jusqu'à ce que ce cadre fasse l'objet d'une révision par une commission dont la mission sera de supprimer les réglementations sur les activités redondantes et la mise en application du principe zéro budget (Zero Base Budgets - ZBB).

Plus que tout, par extension avec l'autonomie du personnel de gestion, des budgets et des équipements, le gouvernement entrepreneurial essaie par ce processus de réduire le temps perdu, les efforts et les mécanismes de contrôle. La stratégie innovante pour le budget est l'approfondissement de la flexibilité et de l'efficacité. Au Royaume-Uni, en Australie, au Canada et en Nouvelle-Zélande, le principe d'une budgétisation des coûts de fonctionnement a été introduit, chaque département peut librement dépenser dans la limite budgétaire afin d'accroître la flexibilité de ses opérations. Selon des principes avant-gardistes, le Congrès américain a pris des mesures visant à améliorer les procédures budgétaires pour réduire le temps perdu et les dépenses inutiles. Par exemple, la budgétisation et les affectations bi-annuelles ont remplacé les procédures annuelles et chaque service par le biais de l'« Office of Management and Budget » (OMB) a mis en place des restrictions minimales pour les opérations budgétaires. Egalement, si dans une année fiscale, des économies ont été réalisées, le département pourra utiliser la moitie de ce surplus en veillant à en employer 2 % comme gratification en faveur des employés méritants comme mesure incitative.

Deuxièmement, dans tous les départements, on veillera à la flexibilité de chaque direction. On accroîtra la flexibilité du personnel de direction et on augmentera son autorité sur le personnel (emploi, répartition et niveau des salaires) comme au Royaume-Uni, en Australie, au Canada et en Nouvelle-Zélande. Dans le cadres des efforts de déréglementation aux Etats-Unis, la direction de la gestion du personnel a supprimé environ 10.000 pages du guide du personnel et a aboli de nombreuses réglementations interdépartementales. Les obligations du fonctionnaire (la grille des tâches des fonctionnaires était auparavant divisée en plusieurs catégories et appliquée uniformément à tous les départements) ont été simplifiées et les objectifs de réduction du nombre d'employés publics ont été poursuivis. L'autonomie des fonctionnaires dans la gestion de leur département a été largement étendue et appliquée à la gestion du personnel avec une meilleure évaluation des résultats des fonctions.

Troisièmement, dans le domaine des équipements, le problème de la bureaucratie est souvent présenté comme une source de corruption potentielle. Ici, les réformes requièrent l'établissement de principes de base que l'administration est incitée à respecter, plutôt que d'avoir à appliquer des procédures lourdes et détaillées pouvant conduire à renforcer davantage le poids de la bureaucratie. Les procédures d'approvisionnement doivent être simplifiées et les fournitures de moins de 100.000 dollars doivent être obtenues avec des procédures réduites.

Quatrièmement, dans le cas des Etats-Unis, environ 15.000 personnes sont employées dans les agences d'inspection pour éviter la corruption et les injustices. Récemment, des critiques sont apparues soulignant que ces inspections empêchaient toute innovation. En réponse, on a recommandé que les inspecteurs recherchent simplement les violations des principes au travers de l'évaluation des systèmes de gestion, ce qui doit entraîner un niveau de réaction plus positif.

Cinquièmement, toutes les régulations obsolètes et redondantes devront être complètement éliminées quand il existe des règles claires d'investigation permettant de prévenir l'accroissement de contrôles improductifs.

Aux Etats-Unis, les agences ont éliminé environ 640.000 pages des règles internes et environ 16.000 pages de contrôle fédéral et on a réécrit 31.000 pages additionnelles dans un langage plus accessible.

D - Donner plus de pouvoir aux employés pour atteindre les résultats.

Une gestion effective des ressources humaines est fondamentale dans l'approche d'un gouvernement entrepreneurial. Les priorités incluent le développement d'un haut niveau de qualité de gestion et l'introduction de règles de travail très flexibles, coordonnées par un personnel d'encadrement bien formé dont le but est d'atteindre les objectifs fixés.

Les gouvernements entrepreneuriaux transforment leurs cultures par la décentralisation de leur autorité. Ils donnent plus de pouvoir à ceux qui sont à la tête des services pour qu'ils prennent les bonnes décisions et qu'ils résolvent mieux les problèmes. Comme on donne plus de pouvoir aux employés de direction, on tient pour responsables les organisations sur la nature des résultats obtenus. La délégation d'autorité et une plus grande flexibilité dans l'utilisation des ressources sont la pierre angulaire de cette nouvelle approche de management adoptée dans le but de promouvoir une culture de performance. Cette culture est complétée par des engagements d'efficacité par le biais d'arrangements contractuels, fixant des objectifs et nécessitant des comptes rendus plus fréquents sur les résultats. Cette approche donne plus de pouvoir aux managers à qui l'on permet de définir eux-mêmes, la stratégie à adopter. En d'autres termes, les gouvernements entrepreneuriaux adoptent une référence de performance et un système d'évaluation de ces performances en favorisant à la fois l'autonomie et la responsabilisation. Le système de promotion basé sur les règles d'ancienneté, associé au système rigide et hiérarchique de la bureaucratie, est remplacé par une organisation axée sur l'évaluation des compétences.

De ce qui précède, on peut admettre que l'approche du gouvernement entrepreneurial incite dans les différents départements, à une rotation des fonctionnaires et des spécialistes du secteur privé afin de mieux affecter les employés compétents à des postes appropriés permettant d'accroître la compétence et la hausse de la productivité. Dans l'embauche d'employés publics, certains pays industrialisés n'utilisent pas d'autres références que celui de la performance. On peut évoquer le cas d'une australienne qui a occupé le poste de Vice-Ministre au Ministère des Transports de Nouvelle-Zélande.

En Nouvelle-Zélande, le système de recrutement des responsables dans les ministères est passé d'un système d'emploi quasi à vie à un système de contrats. La situation qui consiste à dire qu'une fois employé dans le secteur public, on l'est à vie, est révolue même pour les très hauts fonctionnaires. Mais nous devons aussi noter que le gouvernement entrepreneurial ne licencie pas toujours ses employés. Souvent, il prépare des mesures pour améliorer leurs conditions de travail, en réduisant par exemple, le champ des activités des employés non compétents, en favorisant les départs volontaires pour le décès des parents ou pour s'occuper de l'éducation des enfants, ou en encourageant des programmes de changement de carrière permettant de trouver d'autres emplois dans l'administration publique (Osborne et Plastrick 1997).

II - Les reformes du gouvernement-entrepreneurial en Corée

Suivant en cela la tendance générale du courant des réformes, la Corée s'est inscrite dans la logique d'un gouvernement entrepreneurial, spécialement sous le gouvernement de Kim Dae-jung. La crise économique et l'informatisation autant que la globalisation semblent avoir été le principal moteur du choix de ce type de modèle.

Comme beaucoup d'autres pays occidentaux, le gouvernement coréen a adopté des mesures telles que la gestion de la satisfaction de la clientèle, la réorganisation pour la limitation des gaspillages, la déréglementation, la réduction de la bureaucratie pour adopter le principe d'une gestion efficace.

A - L'administration de la satisfaction du client

En s'inspirant des tendances réformatrices des pays occidentaux, le gouvernement a récemment mis l'accent sur le principe de la satisfaction du client. La Commission du Plan et du Budget (PBC) encourage chaque département ou agence à établir une charte du citoyen. Ainsi, la « National Police Agency », la « National Tax Administration » et quelques entreprises d'État ont déjà établi cette charte du citoyen. Le gouvernement conduit des enquêtes de satisfaction auprès des citoyens-clients. Mais nous devons noter que certains gouvernements locaux avaient déjà mis en place des critères spécifiques pour satisfaire les citoyens au travers de pétitions publiques depuis les années 1960.

B – La réorganisation et la réduction des effectifs

Le gouvernement de Kim Dae-Jung a défendu les valeur d'un gouvernement *de petite taille mais efficient* pour tout le secteur public. Le gouvernement est en train de changer son rôle traditionnel en passant de celui de guide à celui de facilitateur d'un processus de développement national. Cette réorganisation du gouvernement central s'est déjà produite à deux reprises en moins de deux ans. Premièrement, après l'inauguration de la présidence de Kim Dae-Jung, en février 1998, l'administration a aboli les postes de deux premiers adjoints de ministres et réduit le nombre des membres de cabinets ministériels de 22 à 17. Dans le même temps, le nombre de ministères et d'offices gouvernementaux a été réduit. Ces mesures ont renforcé certaines agences du Ministère du Travail, l'Office de Contrôle Pharmaceutique et Alimentaire bien que l'on ait procédé à la réaffectation des postes administratifs. La Commission Présidentielle du Plan et du Budget a été nouvellement instaurée pour assurer la continuité des réformes gouvernementales sous le contrôle direct du Président. Cette agence est presque similaire à l'Office de Gestion et du Budget des Etats-Unis (Office of Management and Budget).

En novembre dernier, le gouvernement a entamé sa seconde phase de réorganisation. La Commission du Plan et du Budget a confié la tâche lourde et coûteuse du diagnostic organisationnel des fonctions et structures du gouvernement central par le secteur privé et le monde universitaire. Ceux-ci ont émis des recommandations en se fondant sur les points de vue du secteur privé et des populations qui sont les utilisateurs (les clients) principaux du gouvernement. L'équipe d'analyse et de diagnostic organisationnel comportait environ 130 chercheurs et experts en management qui ont développé des programmes de réformes pour améliorer les systèmes opérationnels du gouvernement. Après quatre mois d'évaluation des fonctions, des structures et des performances des ministères et agences du gouvernement central, l'équipe a préparé des propositions présentées au gouvernement pour qu'elles soient examinées en vue de leur application.

En mai 1999, sur la base de ces propositions, le gouvernent a engagé d'autres mesures de restructuration portant notamment sur la réduction de 120 départements et bureaux et en réduisant 241 hauts postes (ceux au dessus de l'échelle 4) dans l'administration. Cela revient à supprimer 8.359 postes administratifs lors de la seconde phase de restructuration. Quand on ajoute ces suppressions à celles de la première phase, le personnel total a été réduit de 14.861 postes avant 2001, soit 10 % des 142.209 emplois gouvernementaux.

C – La déréglementation et la réduction de la bureaucratie

Il y a deux approches pour réduire le dispositif réglementaire. La première consiste à simplifier les règles administratives qui touchent le marché, la seconde est de limiter la bureaucratie au sein de l'administration.

Ces dernières années, le gouvernement coréen a fait beaucoup d'efforts pour réduire les réglementations administratives qui apparaissaient comme des obstacles à une concurrence équitable. Le gouvernement a créé un nouveau dispositif permettant de mener à bien les réformes. Le cadre juridique des réglementations administratives (Framework Act) qui a pris effet en décembre 1997, s'attaque aux réglementations inutiles, afin de maximiser la liberté et la créativité des activités économiques du secteur privé.

Les principaux points de cette loi sont les suivants :

1) Toutes les réglementations doivent être fondées sur des « lois » adoptées par l'Assemblée Nationale. Par conséquent, toutes les réglementations hors du cadre adopté par l'Assemblée devront être abolies ou remplacées par des réglementations légales

2) Si le gouvernement crée une nouvelle réglementation ou renforce celles existant déjà, une analyse de son impact devra être faite pour évaluer les coûts et les avantages, c'est-à-dire, la pertinence d'une telle réglementation. Par ailleurs, le champ de cette loi devra être clairement précisé.

Si ce nouveau cadre juridique est bien appliqué, il aidera à supprimer les lois qui bloquent l'évolution de la société et contribuera à augmenter la compétitivité du pays. Durant son mandat, le Président Kim Dae-Jung a franchi un pas supplémentaire en encourageant chaque ministère à réduire de moitié son dispositif réglementaire. Mais cette déréglementation a suscité des craintes liées à l'augmentation éventuelle de coûts sociaux tels que la montée de la criminalité ou de la pollution. Le gouvernement entrepreneurial est toutefois une approche qui conduit à la rationalisation du budget, de la gestion du personnel et du système d'approvisionnement. La Commission du Plan et de Budget a introduit un système d'auto-organisation du budget de fonctionnement et du contrôle de la main d'œuvre.

Si le rôle de l'État est justifié, il pourra avoir le même impact qu'un système privé. Les gestionnaires pourront à l'avance connaître les performances qu'on attend d'eux et les résultats attendus pourront être traduits en terme d'objectifs acceptés par tous. Pour faire face à leurs nouvelles responsabilités, les gestionnaires seront libres d'embaucher et de fixer le niveau de rémunération et de dépenser sur des biens dans la délimitation d'une masse budgétaire préalablement agréée. Ainsi, le gouvernement coréen a décentralisé l'Agence Centrale de l'Emploi (MOGAHA), l'autorité de recrutement pour les fonctionnaires relevant de la classe 6 et en dessous. Le gouvernement a également ouvert 30 % des hauts postes du gouvernement à des candidats extérieurs. Il existe également un projet de création d'une agence en langue anglaise qui sera gérée par des gestionnaires professionnels sous contrats et des experts autonomes.

En outre, un plan pour « un système de contrôle total du personnel administratif » est à l'étude. Les objectifs de ce plan seront de permettre à chaque ministère de travailler de manière efficace afin de répondre aux mutations et de contrôler la croissance du personnel administratif. A l'heure actuelle, le nombre d'employés dans un ministère est décidé sans tenir compte du nombre total d'agents de l'État. La procédure pour décider du nombre de recrutements par niveau et type d'emploi du personnel de chaque ministère est aujourd'hui centralisée et doit être soumise au Ministère de la Fonction Publique et des Affaires Intérieures (MOGAHA). Cette demande est étudiée par le MOGAHA en relation avec le Ministre chargé du Budget. Cette demande doit ensuite être approuvée par le cabinet d'État (State Council). Or, les ministères ont tendance à ne pas divulguer les besoins en personnel devenus obsolètes ou redondants. Il en résulte donc une forte inflation de la demande de nouveaux postes. Le nouveau système tend à corriger cette anomalie.

D – Le management des performances

La structure de paiement des fonctionnaires en Corée était basée sur l'ancienneté. Les agents étaient payés au regard de leurs années de service par des hausses de salaire annuelles et automatiques. De plus, on leur accordait une prime d'ancienneté. Ce paradigme fixant les règles de récompense pour leurs années de service au lieu de leur performance au travail est resté presque inchangé depuis la naissance du service public. La rémunération ne pouvait pas être utilisée comme une incitation pour l'obtention d'une meilleure performance au travail parce que les employés recevaient automatiquement leurs augmentations sans que la performance au travail soit prise en compte.

Cela a désormais changé. Le Ministère de l'Administration Publique et des Affaires Intérieures (MOGAHA) a établi un programme de rémunération en fonction de la performance pour tous les employés gouvernementaux. Ce programme a pris effet le 1er janvier 1999. Une récompense pour l'efficacité est allouée sous la forme d'une augmentation de salaire ou d'une prime incitative dépendant de la catégorie d'emploi occupée dans le service public.

Mais le mécanisme de la rémunération basée sur la performance est amendable. Aussi le gouvernement a-t-il établi une sorte de « Système de Gestion par Objectif » mettant l'accent sur l'utilisation des évaluations pour augmenter les niveaux de performance et pour développer la totalité des compétences des employés, éventuellement pour atteindre des objectifs organisationnels. Tous les fonctionnaires doivent établir leurs propres objectifs en accord avec les objectifs annuels de chaque ministère. L'évaluation de la performance doit se faire sur des bases régulières, normalement une fois par an (en janvier/février). Cette procédure formelle autorise les deux parties à réfléchir et à discuter des performances et des facteurs importants relatifs à celles-ci et ce, de façon constructive.

III - Les limites du gouvernement entrepreneurial

Nous avons expliqué dans les sections précédentes la signification du terme *gouvernement entrepreneurial* ainsi que son application dans le cadre des réformes en Corée. Comme nous l'avons vu précédemment, l'entrepreneuriat gouvernemental a des effets positifs. Cependant, les nouvelles réformes qui résultent de cette approche posent un certain nombre de problèmes. Regardons de plus près ces difficultés en nous appuyant sur les fondements de l'entrepreneuriat gouvernemental.

A - Une administration au service du client

Mettre l'accent sur les « clients » plutôt que sur les « citoyens » induit un risque d'affaiblissement des approches politiques des citoyens. En d'autres termes, le gouvernement joue le rôle du producteur et le citoyen agit seulement comme un consommateur de biens et services produits. Or, les « consommateurs » ne peuvent décider quels biens ou services doivent être produits. Ils ne font que consommer les biens et/ou les services produits de façon sélective. Sur un marché, les types de fournisseurs varient sensiblement afin que le choix du consommateur puisse facilement correspondre aux besoins. Cependant, un gouvernement ne repose pas sur un système dans lequel les ressources sont assurées par plusieurs fournisseurs. Ainsi, l'adoption d'une logique de marché fait comme si l'on ignorait le caractère politique et constitutionnel du citoyen qui prend ses décisions non pas seulement sur la base des ressources et des services offerts par le gouvernement.

De plus, les réformes basées sur l'approche client n'assurent pas le fait que les demandes des clients puissent se contredire entre elles. Quand il y a plusieurs offreurs sur un marché, les clients riches et pauvres peuvent interagir sur les marchés sans qu'il y ait un conflit d'intérêt. Mais, cela n'est pas le cas pour un gouvernement. Par exemple, des demandes différentes pour un meilleur environnement incorporant des taxes plus élevées se contrediront avec des demandes entraînant plus de pollution mais qui sont soumises à une faible taxation. Ces conflits, après tout, doivent être résolus dans le cadre d'un processus politique. Sur un marché privé du fait d'une multitude d'offreurs, l'utilisation de produits spécifiques peut être abandonnée. Mais le marché gouvernemental a un caractère monopoliste, ce qui fait que pour ce type de marché l'abandon d'un produit au profit d'un autre est parfois impossible (Kettl 1995).

Le gouvernement entrepreneurial met l'accent sur la dynamique des marchés pour accroître la variété des produits. Cependant, la compétition et la diversité sont, dans ce cadre, limitées. Sans ignorer les conditions déjà mentionnées, le problème des licenciements doit être aussi pris en compte.

D'ailleurs, les modèles d'entrepreneuriat ignorent qu'au moment où les consommateurs ont besoin de ressentir une certaine responsabilité quant à l'efficience de l'organisation des producteurs, les citoyens en tant que propriétaires des systèmes publics ont besoin de ressentir la responsabilité de l'organisation gouvernementale dans l'efficacité de ses actions (Schachter 1995). Par exemple, les conditions sanitaires et la qualité de l'environnement sont associées au niveau de conscience des citoyens. Lorsque la conscience des citoyens est faible, l'État est appelé à jouer un rôle très actif quant au choix des activités et des orientations. Cela conduit souvent à étendre l'emprise de l'État sur l'économie.

De plus, comme l'a parfaitement expliqué Frederickson (1996), les gouvernements entrepreneuriaux mettent plus l'accent sur le niveau d'application de la politique que sur la décision politique. Nous devons tenir compte des gaspillages des moyens financiers d'un gouvernement dans les phases de décision ou d'application de la politique. Par exemple, nous avons vécu plusieurs cas d'échecs politiques tel que celui relatif à la construction précipitée du train à grande vitesse (TGV) Séoul-Pusan. Le projet devait coûter au départ 4 milliards environ. Son coût actuel est d'environ 20 milliards de wons. C'est un montant très important en comparaison des 300 milliards qu'on aurait pu économiser en supprimant 15.000 postes de fonctionnaires.

Ainsi, il est très important de penser à la manière d'assurer l'application des décisions politiques de la façon la plus démocratique. Afin d'accomplir « moins d'État et plus de services », il est important d'avoir un gouvernement démocratique dans lequel chaque citoyen se reconnaît.

B – La réorganisation et la réduction des effectifs

Le gouvernement entrepreneurial considère l'efficacité comme la valeur la plus importante. Cependant, l'efficacité n'est pas tout ce que le gouvernement doit poursuivre. D'autres valeurs telles que l'équité sociale et la confiance sont tout aussi importantes. La recherche de l'efficacité à tout prix peut amener l'administration à oublier que cela peut conduire à mettre en place, dans le souci d'un renforcement de l'action de l'État, une sorte de super administration. Si nous considérons réellement le bien-être des pauvres, le gouvernement doit prendre en charge ce bien-être sans vouloir, par souci d'efficacité, confier cette mission au secteur privé. Par exemple, en Corée où le poids de la société civile n'a jamais été aussi fort, les activités de l'État reposant sur la recherche de l'efficacité à tous prix peuvent probablement inciter à enfreindre les droits des citoyens par la violation des procédures (Yi 1995).

Les notions de profits induites par la gestion du modèle de gouvernement entrepreneurial et celle de la fiabilité du rôle de l'État pour réduire les coûts doivent être examinées avec précaution. Si on se réfère au cas de la Corée, on peut noter que lors de la période du renforcement du rôle de l'État, celui-ci n'a pas été guidé par un souci unique de réduction des coûts comme cela a été appliqué dans certains pays industrialisés (Royaume-Uni). Dans ce pays, les économies de l'action gouvernementale ont été réalisées au détriment du bien-être des citoyens. En Corée, comme les domaines d'interventions de l'État sont réduits, notamment dans le domaine social, il me semble nécessaire d'augmenter les effectifs du personnel de ce secteur.

Une enquête faite par le Ministère de l'Administration Gouvernementale en Corée montre que le nombre de citoyens rapporté au nombre de fonctionnaires s'élevait à 14 aux Etats-Unis et en France, à 15 en Allemagne, à 17 au Royaume-Uni, à 25 à Singapour et en Espagne, à 27 en Malaisie, à 29 au Japon, à 36 à Taiwan et à 49 en Corée. Le rapport de la population totale sur les effectifs d'emplois publics relevant du domaine social était de 68 en France, 86 aux Etats-Unis, 172 en Espagne, 216 au Japon, 255 en Allemagne et 284 à Singapour. A l'inverse, le chiffre coréen est de 4400, soit 65 fois plus qu'à Singapour.

Il est également intéressant de noter que la réduction du contrôle produit quelques effets négatifs sur l'organisation. La réduction du contrôle peut venir de la réduction du personnel nécessaire ce qui conduit à garder un personnel dont on ne voulait pas. Cette réduction du personnel engendre aussi une perte d'un capital d'informations accumulé par l'administration. En d'autres termes, la réduction pourrait être néfaste pour la prise en charge sociale surtout pour une société basée sur la connaissance. Les programmes de réduction peuvent entraîner les entreprises dans des situations de défiance et d'insécurité qui ne sont pas favorables à des prises d'initiatives par les employés. Aussi, selon Atwood et al. (1995), la déception lors de la perte d'un emploi et la sombre perspective qui en découle, peuvent conduire à la dépression, l'alcoolisme, la drogue, les tensions familiales et d'autres désordres émotionnels et physiques. A cause de tous ces problèmes, quand des mesures de contrôle limitent fortement la croissance des dépenses de l'État, cela affecte la qualité des services et l'efficacité de l'administration (Kettl 1995).

De plus, nous ne devons pas oublier que des rumeurs viennent alimenter des situations invraisemblables : certains ministères puissants font face à des faibles réductions de charges alors que les moins puissants subissent des réductions de leur système d'organisation. Si ces rumeurs sont fondées, le processus de réorganisation n'est pas porteur d'efficience.

Il ne serait pas approprié d'avoir seulement recours à des réductions de personnel pour que d'autres ministères puissent satisfaire leur besoin d'accroître leurs effectifs. Cet argument ne se présenterait qu'en tenant compte de la modification de l'organisation structurelle ou de l'utilisation des technologies de l'information. La compression du personnel doit apparaître seulement pour des raisons de gestion organisationnelle telle que l'élimination des redondances et des gaspillages.

C – La déréglementation et l'élimination de la bureaucratie

Les organisations administratives, quelque soit leur état, sont très critiques vis-à-vis des réductions d'effectifs.

Comme Peter et Savoie (1996) l'ont souligné, les arguments développés ne répondent pas au problème. Que le cœur du problème soit rattaché aux politiciens et non à la bureaucratie, le point de vue consistant à considérer le secteur administratif comme la cause de tous les dysfonctionnements semble procéder d'une erreur d'analyse. La partie législative fait les lois et la structure administrative les exécute. Pourquoi donc est-ce un problème d'exécuter fidèlement des lois votées par les représentants du peuple ? Or, seul le secteur administratif est soumis à une logique de réformes.

Dans les organisations commerciales, même après des échecs répétés, un succès unique peut les compenser. L'organisation des affaires quelquefois entraîne ces échecs. La réglementation peut être un obstacle pour ces organisations. Les règles sécurisent uniquement le niveau minimum de réalisation, mais pas l'excellence des résultats. D'autre part, les scandales cachés sont plus importants dans l'organisation étatique tandis que la poursuite de bons résultats reste plus attachée au secteur privé. Les politiciens sont moins concernés par les résultats que par les scandales. Ces derniers tolèrent de nombreux types d'échecs, mais sont plus sensibles à tous les types de scandales. Ainsi, plus que la bureaucratie, la machine politique doit être critiquée.

Le gouvernement entrepreneurial soutient que les effets du contrôle sont pires que ceux de la corruption. Cet argument peut être plausible dans une société avec un faible degré de corruption. Cependant, nous devons avouer que la bureaucratie peut produire aussi des effets positifs. Premièrement, tous les principes et les vérifications sont établis dans le but de prévenir la corruption des fonctionnaires et les abus de pouvoir. Tout système de comptabilité qui contrôle et maintient une surveillance par la limitation des pouvoirs discrétionnaires de la bureaucratie est souhaitable. Même si ce n'est pas un cas d'injustice ou de corruption, un contrôle est nécessaire afin de prévenir une attitude laxiste dans les administrations publiques et assurer un niveau de service minimum.

Spécialement dans des pays comme la Corée où le problème de la corruption est assez important, on pourrait croire que l'on gagnerait moins que l'on ne perdrait par la déréglementation. En minimisant les contrôles, on apporterait plus d'occasions à la corruption et aux abus (Yi 1994 ; Anecharicho et Jacobs 1994). Mais, comme Yi (1994) l'a démontré de façon éclatante, nous ne devons pas oublier le fait que le gouvernement entrepreneurial fait la promotion de la déréglementation et essaie de limiter la participation de l'État, ce qui est un facteur de réduction des opportunités de corruption pour les fonctionnaires. L'élimination de la bureaucratie signifie plus d'autonomie dans les procédures de gestion du personnel, de l'organisation, du budget, de l'approvisionnement, etc. La question de savoir si l'on peut faire confiance aux fonctionnaires ayant tant de pouvoirs, reste en suspens. Après tout, le cœur du problème est lié à la question suivante : « Combien de personnes peuvent faire confiance aux fonctionnaires ? » (Behn 1995).

Deuxièmement, les règles et les principes fournissent la prévisibilité, la stabilité et la durabilité. La prévisibilité résulte des contrôles de long terme. Sans les contrôles, les agissements de n'importe quelle administration créeraient un chaos à l'intérieur ou à l'extérieur de l'administration. De façon interne, quand la division des tâches et les devoirs des organisations sont clairement stipulés, les conflits diminuent et cela engendre une stabilité organisationnelle (Pfeffer 1981).

Troisièmement, les règles sont utilisées pour sécuriser une culture générale et pour fournir la rationalisation dans la gestion du personnel et l'équilibre dans la mise en œuvre du service (Perrow 1986). De plus, les nominations et promotions sur la base de normes favorisent la rationalisation. Une gestion du personnel par un jugement du seul responsable, sans l'instauration de normes ou de critères clairs, tend à accroître les possibilités de favoritisme et de particularisme, contrecarrant les valeurs démocratiques. Encore une fois, les règles et le contrôle procurent un service équilibré à tous les clients. L'école est l'exemple type où tous les citoyens sont égaux dans l'accès aux services publics.

D – Le management de la performance

Pour être soutenu, le gouvernement entrepreneurial est fortement concerné par les conditions de travail des fonctionnaires. Cependant, ce que le gouvernement peut faire est en réalité limité. Une organisation gouvernementale peut difficilement fournir des récompenses financières comme cela est possible dans le secteur privé. Dans ces conditions, des incitations importantes peuvent être mises en place par des moyens sociaux tels que la promotion ou la sécurité de l'emploi, pour le dévouement, par exemple, en guise de reconnaissance de la société (Kim 1994). Selon des études réalisées dans les pays occidentaux, le moral des employés de l'État baisse à cause des différentes réformes administratives. Par conséquent, peu de personnes désirent voir leurs enfants entrer dans le service public (Peters et Savoie, 1996).

La question que l'on se pose est de savoir si le contenu des réformes développées en Occident où l'individualisme prévaut, est applicable à une société comme la Corée marquée par le collectivisme. Les sociétés individualistes tendent à encourager et à faciliter l'évaluation des réussites individuelles. Par comparaison, les Etats collectivistes voient ceci de façon négative et mettent l'accent sur la personne comme membre d'un groupe. Cette situation introduit un doute dans le fait de savoir si la culture individualiste est préférable à la culture collectiviste ? La question reste posée.

Ce que nous devons considérer ici, c'est le fait que le collectivisme est perçu comme l'un des facteurs les plus importants pour accroître la productivité dans les États confucianistes comme la Corée depuis que ces pays ont montré un incroyable taux de développement économique (Hofstede et Bond 1988). Les travailleurs occidentaux utilisent le « groupe » dans le cas où ils doivent se mobiliser contre une attaque. Par comparaison, les travailleurs japonais considèrent le « groupe » comme le moyen d'augmenter la performance (Sullivan et al. 1986). Les travailleurs occidentaux gardent une attitude de « moi en premier, l'entreprise ensuite » alors que les travailleurs asiatiques donnent la priorité aux intérêts de l'entreprise et non à leurs intérêts personnels. A son tour, les entreprises ou les managers de l'entreprise prennent la responsabilité de la vie des travailleurs, au travers de la garantie d'un emploi à vie (Pascale et Athos 1981). Ces deux facteurs agissent réciproquement ce qui engendre les conditions qui permettent aux employés de garder un bon niveau de loyauté envers leur entreprise (Gabrenya et al. 1985). En résumé, cette forte loyauté fait la différence dans le niveau de productivité. Le gouvernement entrepreneurial pense la poursuite du succès individuel comme un facteur plus crucial que la dévotion ou la loyauté à l'égard de l'entreprise et cela est en soi un problème.

Enfin, il est difficile d'évaluer les performances dans des organisations gouvernementales, cela est dû au manque de précisions dans les objectifs. Spécialement dans le domaine politique où les intérêts personnels sont largement contradictoires, l'objectif de l'administration devient plus ambigu. Si on se concentre seulement sur ces éléments qui peuvent être clairement mis en exergue dans l'objectif de l'évaluation des performances, les objectifs politiques les plus censés risqueront d'être négligés et même déformés (Rago 1994).

Conclusion

Il n'y a aucun doute, le gouvernement entrepreneurial soulève des défis majeurs, mais apporte aussi des réponses positives qu'il convient d'accepter. Le profond changement d'approche de l'administration comme offreur de services au client doit être entériné puisque la critique que l'on adresse souvent à l'administration est qu'elle est davantage préoccupée par les intérêts des élites et souvent taxée d'opportunisme. En somme, l'approche d'une administration orientée vers le client est celle dont la Corée aurait besoin. Cependant, ces réformes impliquent des compromis. L'administration orientée vers les intérêts des clients peut affaiblir la citoyenneté et les devoirs civiques individuels. Une plus grande autonomie locale devrait conduire à la cohérence politique et à la responsabilité publique et préserver les valeurs traditionnelles du service public telles que l'équité et l'intégrité.

Il n'y a pas de réponses simples en ce qui concerne les réformes de l'État. Nous devons faire attention à la question de ce que cela signifie réellement quand nous disons que le gouvernement ne travaille pas correctement.

Premièrement, les échecs de l'administration apparaissent quand chaque fonctionnaire n'est pas tenu pour responsable de ses devoirs ce qui incite à la corruption.

Deuxièmement, même si tous les fonctionnaires sont fidèles à leur mission, les fautes structurelles peuvent entraver les résultats institutionnels. Aussi quels que soient les efforts individuels qui pourront être entrepris ou les réussites organisationnelles effectives, les échecs sont toujours possibles. S'agissant de la Corée, le modèle du « *gouvernement entrepreneurial* » est plausible, mais à condition que l'on puisse résoudre les problèmes gouvernementaux de manière différente. Dans ce pays, les erreurs de l'État sont considérées comme un échec politique plutôt qu'un échec administratif ou bureaucratique. Or dans le cas de la Corée, un gouvernement démocratique assumerait mieux les grandes urgences que ne le ferait l'entrepreneuriat gouvernemental.

Bibliographie

- Anechoricho, Franck and james B. Jacobs (1994), "Visions of corruption control and the Evolution of American Public Administration", *Public Administration Review* 54.5: 465-473

- Arnold, Peri E. (1995), "Reform's Changing Role", *Public Administration Review*, 55.5

- Atwood, Jane, Ethel Coke, Christine Cooper and Kendra Loria, (1995), "*Has Downsizing Gone Too Far?*", Jacksonville, Fla, University of North Florida

- Behn, Robert (1995), "The Big Questions of Public Management", *Public Administration Review*, 55.4: 313-324

- Carroll, James D. (1995), "The Rhetoric of Reform and Political Reality in the National Performance Review", *Public Administration Review*, 55.3: 302-310

- Clinton Bill and Al Gore (1994), "*Putting Customers First: Standards for Serving the American People*", A report of the national Performance Review, Washington, DC: Government Printing Office

- Dilulio, John J., Jr Gerald Garvey and Donald F. Ketti (1993) "*Improving Government Performance: An Owner's Manual*", Washington, DC: The Brooking Institution

- Frederickson, H. George (1996), "Comparing the Reinventing Government Movement with the New Public

Administration", *Public Administration Review*, 56.3: 263-270
- Gabrenya, W. K. et al. (1985), "Social Loafing on Optimizing Task : Cross-cultural Differences among Chinese and Americans", *Journal of Cross-cultural Psychology*, 16.2: 223-242
- Goodsell, Charles (1994) "*A case for Bureaucraty*" 3rd Chatham, N.J.: Chatham House
- Gore, Al (1993), "*From red Tape to Results: Creating A Government That Works Better & Costs Less*" Washington, DC: US Government Printing Office
- Hofstede G. And H. Bond (1988), " The Confucius Connection: from cultural Roots to Economic Growth" *Organizational Dynamics* (Spring): 5-21
- Hood C. (1995), "Emerging Issues in Public Administration", *Public Administration Review*, 73: 165-183
- Kettl Donald F. (1995), "Building Lasting Reforms: Enduring Questions, Missing Answers", In *Inside the ReinventionMachine: Appraising Government Reform*, edited by Donald F; Kettl and John J. Dilulio, Jr 14-74, Washington, DC: Brookings Institution
- Kettl Donald F. (1997), "The Global Revolution in Public Management: Driving Themes, missing Links", *Journal of Policy Analysis & Management*, 16.3: 446-463
- Kim Byong-Seob, (1994), "*Psychological Burnout and Job Involvement for Public Officials*", Korean Public Administration 4.1: 1279-1299
- Yi Chong-Pom (1994), "*Entrepreneurial Government: Conditions and Limitations of its Applicability in Korea*" Research on Korean Public Administration, 4.1: 22-45
- Moe Ronald C. (1994), "The Reinventing Government' Exercise: Misinterpreting the Problem, Misjudging the Consequences" *Public Administration Review*, 54.2: 111-122
- OECD (1995) "*Government in Transition: Public Management Reforms in OECD Countries*"

- O Sok-hong (1995), "*On Administrative reform*", Seoul: Bobmun Sa
- Osborne David and Peter Plastrick (1997), "*Banishing Bureaucracy*" Reading Mass.: Addison-Wesley
- Osborne David and Ted Gaeble (1992), "*Reinventing Government: How the Entrepreneurial Spirit is Transforming the Public Sector*" Reading, Mass.: Addison-Wesley
- Pascale R. and A. Athos (1981) "*The Art of Japanese Management*" New-York: Simon & Schuster
- Perrow C. (1986), "*Complex Organizations*" New York: Random House
- Peter B. Guy and Donald J. Savoie (1996) "*Managing Incoherence : The Coordination and Empowerment Conundrum*" Public Administration Review 56.3
- Peters Thomas J. And Robert H. Waterman (1982) "*In Search of Excellence*", Philadelphia: Harper & Row
- Pfeffer Jeffrey (1981), "Power in Organizations" Marshfield: Pitman Publishers
- Rago, William V. (1994) "Adapting Total Quality Management to Government: Another Point of View", *Public Administration Review* 54.1: 61-64
- Schachter H. L. (1995) "*Reinventing Government or Reinventing Ourselves: two Models for Improving Government Performance*" public Administration Review 55.6: 530-537
- Stanbury William and Fred Thompson (1995), "Toward a Political Economy of Government Waste: First Step, Definitions" *Public Administration Review*, 55.5: 418-427
- Sullivan J. J. Et al. Sullivan J. J. et al. (1986), "Managerial Perceptions of Performance: A Comparison of Japanese and American Work Groups" *Journal of Cross-Cultural Psychology*, 19.4: 379-398

EPILOGUE

Structures comparatives du modèle coréen

L'analyse du modèle entrepreneurial

Claude ALBAGLI
Président de l'Institut CEDIMES
Université Panthéon-Assas (Paris II)

Le modèle de développement coréen a été l'un des plus performants parmi les expériences asiatiques réussies. La Corée a, en effet, su tirer parti avec efficacité des plans de la « Décennie du Développement » des années soixante, des opportunités ultérieures des chantiers de construction du Moyen-orient avec les financements des pétro-dollars durant les années soixante-dix et tirer avantages des « *three lows* » des années quatre-vingt qu'illustrent les faibles taux d'intérêts sur le marché monétaire, les faibles cours internationaux du marché pétrolier et la faible parité du dollar - auquel était rattaché le won - vis-à-vis du yen japonais[10]. Le pays signera son record historique de croissance avec près de 13 % en 1987. Ces éléments objectivement favorables ont été accompagnés d'une politique très volontariste et assez judicieuse menée par les autorités politiques pour accéder avec succès à ce développement. En ayant acquis la onzième place

---

[10] CHUNG Un-Chan, *A critical Look at the Korean Economy,* Korea Journal, Vol. 37, N°4, Winter 1997, p. 22

internationale par son PNB, puis en ayant rejoint les pays de l'OCDE en 1996, la Corée a conquis un statut de puissance économique sur l'échiquier planétaire que les Jeux Olympiques de Séoul avaient déjà mis en lumière dès 1988. A la veille de la crise financière, certains cadres politiques avaient, en perspective, le dépassement de la Grande Bretagne et l'introduction de la nation coréenne dans le G7 pour 2002. Une année où précisément les regards de la planète allaient se tourner vers ce pays à la faveur de la co-organisation de la coupe du monde de football.

La crise de fin 1997 est venue temporiser ces ambitieuses perspectives. Peu d'observateurs s'étaient alarmés de signes précurseurs. Pourtant les mécanismes qui avaient été présentés par Paul Krugman comme annonciateurs d'une crise monétaire étaient bien en place avec la baisse graduelle, mais persistante, des réserves internationales et une croissance rapide du crédit intérieur par rapport à la demande de monnaie[11]. On pouvait effectivement remarquer un déficit de la balance courante dû à la hausse de la demande de biens échangés et conséquence de l'appréciation de la monnaie en termes réels[12]. Le déficit courant passait d'un déficit de 4,5 milliards de dollars en 1994 à 8,9 en 1995, puis à 23,7 en 1996[13]. Mais la santé quasi insolente de ce pays n'avait pas fait prendre la mesure des risques qui se profilaient. La crise blessa subitement et profondément les structures économiques du pays. Cependant le redressement fut tout aussi fulgurant qu'avait été la chute. Il conforte dans cette conviction que le monde

---

[11] KRUGMAN Paul, *Growing world trade: causes and consequences,* Brookings, Papers on Economy Activity, N° 1, 1995, pp. 327-377

[12] SELLIER Cécile & PILLON Patrick, *La crise monétaire en Asie du Sud-Est,* Revue d'Economie Financière, Décembre 1997

[13] CHANG Ha-Joon, *Korea: The misunderstood crisis,* World Development, 26, 1998

industriel sera amené à compter durablement avec ce nouveau venu. La croissance a, en effet, rebondi à 10,7 % en 1999, après une récession de 6,7 % l'année précédente, et le chômage, après avoir explosé de 2 % à 8 %, n'était déjà plus que de 4 % dès 1999.

Pour comprendre cette évolution, nous avons cherché à déterminer quelles étaient les composantes entrepreneuriales de ce développement. Nous avons tenté de comprendre comment, au sein de cette formation de « vol d'oies sauvages » pour désigner par allégorie, le décollage de l'Asie-Pacifique, le tissu entrepreneurial coréen offrait néanmoins des spécificités bien particulières.

L'organisation entrepreneuriale coréenne est fondée sur un certain nombre de traits dont certains la singularisent des autres dragons d'Asie du Sud-Est, bien qu'engagés simultanément dans le même processus de croissance et de réussite. Après en avoir cerné les particularités, nous présenterons les principales hypothèses d'interprétations de la mécanique du succès et les éléments de remises en cause régulière qui ont valu au processus, une efficacité pragmatique.

I – Le modèle coréen

Si le modèle de développement asiatique paraît répondre à un courant d'ensemble marqué par le précédent japonais, réitéré par l'expérience des Dragons, copié par les Bébés-Tigres et balbutié encore par les autres pays de l'ASEAN, l'analyse plus attentive de l'organisation économique et entrepreneuriale, met en lumière des options très spécifiques qui les placent en opposition à certaines options régionales.

A – Les caractéristiques communes du modèle asiatique

La stratégie des pays de l'Asie du Sud-Est est représentée par les quatre dragons (Hong Kong, Singapour, Corée du Sud et Taiwan). Leur mouvement d'ensemble recèle un certain nombre de caractéristiques communes que Bouteiller et Fouquin ont analysées[14] et que nous pourrions inventorier comme suit :

- Des industries orientées vers l'exportation (Les exportations coréennes passent de 2 % du PIB en 1962 à 35 % à la fin des années quatre-vingt et représentent près de 2 % des exportations mondiales) ;
- Des monnaies généralement sous-évaluées pour renforcer cette dynamique à l'exportation et la protection du marché intérieur ;
- Une main d'œuvre peu coûteuse et soumise à un processus rapide de formation ;
- Un système financier fermé assurant le recyclage de l'épargne intérieure vers les investissements productifs ;
- Une souplesse de l'appareil productif permettant un ajustement pragmatique de l'offre aux évolutions de la demande ;
- Un interventionnisme de l'Etat ferme mais beaucoup plus incitateur qu'acteur direct en se faisant lui-même le dépositaire des opérations productives (sur ce point Hong Kong est resté très libéral);
- Un contexte de défis nationalistes opposant les systèmes (Chine/Taiwan, les deux Corée, Chine/Hong Kong) ou constituant des revanches

[14] BOUTEILLER E. & FOUQUIN M. *Le développement économique de l'Asie du Sud-Est,* Coll. Repères, La Découverte, 1995.

historiques (Corée du sud / Japon, Singapour / Malaisie)

- Une culture marquée par le confucianisme qui commande tous les comportements sociaux avec des incidences sur la discipline, la formation et le travail.

Ces données forment le fonds commun de ce qu'on convient d'appeler le « miracle asiatique ». Mais une analyse plus fine fait découvrir de nombreuses particularités dans l'organisation des quatre pionniers asiatiques.

B – Les spécificités du modèle coréen

L'entreprise coréenne est une micro-société qui intègre une dimension socioculturelle dont les caractéristiques essentielles sont le sentiment d'appartenance qui est entretenu par des avantages matériels et des actions d'identification. Dans les *chaebols*, les deux tiers des employés doivent leur emploi à leur réseau relationnel. Un tiers des cadres dirigeants est lié aux familles fondatrices tandis que le second tiers est issu des milieux politiques et administratifs et que, seul, le dernier tiers est issu de la promotion interne[15].

Le comportement des salariés est lui-même relié au système de financement des *chaebols*. Les options prises par la Corée en matière de financement des entreprises, reflètent le rejet des investissements directs étrangers au profit d'une politique d'emprunts sur les marchés extérieurs dont l'utilisation pourra être contrôlée par l'Etat et le système

---

[15] SARLANDIE de la ROBERTHE C., *Contribution à une analyse des valeurs dans les pays de l'Asie orientales,* Séminaire de Recherches, Poitiers, 1994

bancaire. La part des investissements directs étrangers dans la Formation Brute de Capital Fixe ne dépasse pas 1 % durant les années quatre-vingt et quatre-vingt-dix alors que ces taux pouvaient atteindre jusqu'à plus de 25 % comme dans l'exemple malaisien (1992). L'allocation par l'Etat des ressources financières occultait l'analyse des risques financiers qui, de toute façon, semblaient couverts de façon tacite par l'Etat.

Cette stratégie de financement s'appuie par ailleurs sur un financement dû à l'épargne intérieure par des mécanismes très performants. Le taux d'épargne est de l'ordre de 35 %, mais il ne constitue pas une exception régionale. D'une part, les ménages vont afficher un très haut niveau d'épargne inspiré par l'accès à la propriété et l'éducation des enfants. D'autre part, ils vont être incités, pour ne pas dire contraints, dans les *chaebols*, à ouvrir un livret d'épargne. Ces dépôts seront ensuite recyclés dans les investissements productifs du groupe.

Ces conglomérats forment des réseaux qui sont les éléments essentiels du fonctionnement des entreprises et de leurs relations entre elles. Ils constituent, bien évidemment, un obstacle invisible, mais effectif à la pénétration par l'étranger du marché national qui est, par ailleurs, bardé de protections administratives. Les réseaux d'entreprises sont polarisés par les *chaebols* qui bâtissent des relations exclusives de sous-traitance avec des PME. Les *chaebols* fournissent les commandes, les crédits, voire même la formation. Mais ils obtiennent en échange une subordination complète qui fixe le code de conduite réciproque. Cette confiance mutuelle et cette pérennisation des relations se départissent des stratégies de délocalisation que les entreprises coréennes seront amenées à conduire ultérieurement.

Le fonctionnement de l'économie sous contrôle de l'Etat et les puissantes actions sociales ont valu à la Corée d'être une nation relativement plus égalitaire que les autres NPI au seuil des années quatre-vingt-dix. L'écart entre les riches et les pauvres s'inscrit dans un multiple de 4 à 5 avant 1997. Le multiplicateur passera à plus de 5,5 après la crise[16]. La main d'œuvre reste laborieuse, le temps de travail hebdomadaire officiel est de 47,7 heures avant la crise et les qualifications des emplois dans les *chaebols* affichent un niveau au moins équivalent à celui de fin des études secondaires pour la moitié des employés. La situation du quasi plein emploi assorti d'emplois quasi à vie a permis de recueillir une forte adhésion au système économique et de recevoir un soutien social pour le combat économique affiché comme l'une des causes nationales.

C - Les divergences régionales

Dans le groupe des quatre Dragons lancés dans une même vague de conquête du développement économique, il est possible de distinguer de fortes singularités[17]. D'abord, à propos de la première étape, l'agriculture a constitué pour la Corée l'acte fondateur. Il est marqué par trois phases. La conquête japonaise met bas la féodalité et la remplace par un système efficace de tenures. Le redressement de l'après-guerre engagé par le gouvernement Rhee Syngman s'évanouit dans les destructions considérables de la guerre de Corée qui fait 1,5 million de morts et réduit en cendres près de 40 % des installations industrielles (1950-1953). Il faudra attendre les années soixante pour qu'avec le mouvement « Saemaul » lancé par le Général-Président Park Chung Hee,

---

[16] The Economist, *South Korea's bitter harvest,* November 25th 2000, p. 89

[17] ALBAGLI Claude, *Typologie du développement,* préface du recteur Christian Labrousse, Litec, 1991, pp. 59 - 76

l'agriculture reprenne son essor. Si cette préoccupation agricole se retrouve à Taiwan sans ces vicissitudes politiques et guerrières après le retrait japonais, Hong Kong et Singapour, faute d'espaces, y ont substitué les activités portuaires comme moteur d'élévation du niveau de vie de base.

Ensuite, la stratégie de substitution aux importations, puis ses limites et le lancement de la conquête des marchés extérieurs se retrouvent dans les quatre pays, Hong Kong manifestant à cet égard une orientation plus précoce que ses partenaires. Les politiques monétaires favorables à une sous évaluation pour favoriser les exportations sont assez communes. Les particularités viendront davantage du processus de financement extérieur et de la structure entrepreneuriale.

La Corée du sud favorise l'émergence de grands groupes nationaux, les *chaebols*, qui accéderont aux premiers rangs internationaux avec un étroit contrôle des autorités politiques sur les priorités stratégiques. Pour Hong Kong, le modèle est ultra-libéral et les grands groupes internationaux comme les petites unités nationales sont invitées à manifester leur esprit d'entreprise alors que l'Etat se fait discret dans ses interventions. Taiwan limite la taille des entreprises privées sous l'influence d'un certain socialisme inspiré de Sun Yat Sen et bâtit un secteur public puissant. Singapour, enfin, adopte une autre stratégie, en favorisant le développement des petites entreprises, en accueillant les grands groupes multinationaux et en constituant un secteur public influent. Si le credo d'ensemble relève du néo-libéralisme, on mesure l'ampleur des variantes dans les applications qui lui sont faites.

En fait, si Hong Kong attribue à l'Etat, une part congrue, les stratégies philosophiques des autres diffèrent singulièrement dans le rôle qu'ils entendent donner à la puissance publique. Pour la Corée, il s'agit d'un ajustement coopératif régulier et régulateur, pour Taiwan, il s'agit d'un partage des rôles entre les secteurs publics et privés, quant à Singapour, il s'agit d'effectuer un filtrage réglementaire des opérateurs ou d'apporter un environnement sélectif en soi. Les hausses de salaires vont contraindre les entreprises de main d'œuvre à se délocaliser au profit d'entreprises au contenu technologique plus élevé, doté d'une valeur ajoutée plus grande.

Il faut spécifier une particularité essentielle pour la Corée que l'on ne retrouve ni dans les trois autres pays, ni dans les Bébés-Tigres qui émergeront ensuite. Ce pays est, en effet, le seul à ne pas recourir aux atouts de la diaspora chinoise. Le développement observé ne se fait pas par une sorte de capillarité continentale qui réactive des solidarités de cousinage pour combiner des échanges, réaliser des délocalisations et véhiculer des investissements directs étrangers. La Corée est en dehors de ce circuit et ne dispose pas d'une diaspora coréenne équivalente. Encore que Jean-Jacques Pluchart fasse remarquer que les Coréens établis à l'étranger ont servi de points d'appuis aux *chaebols* pour le développement des premières exportations[18]. Toutefois, un handicap géographique majeur pénalise le pays puisque la coupure de la Corée du Nord prive de tous liens terrestres avec la Chine ou avec la Russie, lui conférant un caractère insulaire de fait. C'est d'ailleurs ce qui incitera le président Kim Dae-jung à favoriser des accords pour rétablir une ligne de chemin de fer vers le nord dans son rapprochement avec

[18] PLUCHART Jean-Jacques, *La crise coréenne, Grandeur et décadence d'un modèle de performance,* L'Harmattan, 1999, p. 25

Kim Jong-il, mais à ce jour l'initiative n'a pu être prolongée au-delà d'une inauguration de laquelle la Corée du Nord était absente !

Quant aux zones franches, la diversité d'appréciation est de mise. La Corée y était peu favorable puisqu'elle se défiait beaucoup des investissements étrangers. L'expérience de Masan lancée à la fin des années soixante recueille un succès que l'on tentera de répéter en plusieurs points du territoire, mais fondée sur le principe de la co-entreprise. Taiwan, au contraire, est beaucoup plus favorable aux implications extérieures et aménage de nombreuses zones à statut privilégié, réparties sur le territoire pour y attirer les investisseurs étrangers. Elles devront toutefois répondre à un triple objectif : produire pour l'exportation, satisfaire certains critères d'emplois et proposer dans le système de production des technologies nouvelles. Hong Kong développe les zones off-shores exemptées d'impôts et les pavillons de complaisance pour une flotte marchande qui dépassera celle de la France. Singapour définit un statut d'*entreprise pionnière* pour accéder aux privilèges fiscaux, aux transferts de capitaux et de bénéfices.

Les modèles asiatiques ont en commun une forte adhésion sociale. Celle-ci facilitera une mobilisation pour de populations qui se révèleront bon marché, besogneuses, formées et rapidement peu fécondes. Le mouvement d'ensemble des Dragons comporte malgré tout de nombreuses spécificités en son sein, particularisant d'autant l'expérience coréenne. Comment devons-nous alors aborder les caractéristiques du développement coréen ?

II – Les analyses justificatives du succès

Quelle est la construction du modèle coréen ? Ce pays a traversé, en quelques décennies, les diverses étapes qui l'ont mené d'un niveau de vie équivalent à celui des pays de l'Afrique sahélienne au cours des années cinquante à un niveau justifiant son entrée dans le club restreint des pays industrialisés de l'OCDE (1996). On peut faire état de plusieurs analyses pour approcher ce qui est appelé « le miracle coréen ». Des batteries argumentaires se disputent la prééminence : stratégie de développement, biais institutionnel, arguments d'ordre socio-culturel et approches entrepreneuriales.

A – La pertinence des arbitrages économiques

Le modèle de développement coréen présente la particularité de se référer globalement au marché, mais d'être soumis à une tutelle très directive de l'Etat pour établir les priorités stratégiques de concert avec certains acteurs sélectionnés. Mais cette conduite-concertation a fait preuve d'un très grand sens d'analyse pour infléchir les arbitrages au fur et à mesure des résultats. Avec le recul, il est possible de distinguer six phases dans le développement coréen.

Une première étape s'inscrit dans les réformes agricoles. Leur aboutissement permet simultanément d'accroître le niveau de vie des populations rurales et de libérer une main d'œuvre pour des activités industrielles. Cette étape a été amorcée durant la présence japonaise, réaménagée à la libéralisation après 1945 et relancée avec succès au début des années soixante[19]. Mais si la conséquence de l'amélioration de la productivité agricole a

[19] ALBAGLI Claude, *Typologie du développement,* Litec, 1991, pp. 59

été d'accroître le pouvoir d'achat intérieur, ce dernier a pesé immédiatement sur la demande de biens manufacturés importés et la balance du commerce extérieur.

Il fallut résorber rapidement cette difficulté. La seconde phase a donc été basée sur une politique de substitution aux importations. L'identification des cibles était claire. Il suffisait de se reporter aux tableaux des échanges extérieurs pour repérer les produits qui avaient un débouché effectif sur le marché national et qui présentaient une masse critique suffisante pour donner lieu à l'implantation d'une production industrielle opérationnelle et rentable. Mais le développement de cette stratégie entrepreneuriale ne réglait pas tous les problèmes du déséquilibre des échanges extérieurs. Ces nouvelles usines nécessitaient l'importation de machines-outils et de produits semi-finis, voire de matières premières qui pesaient lourdement sur le solde extérieur.

Si les aides étrangères, et notamment les engagements américains, permettaient d'en régler le financement, la situation n'apparaissait pas tenable avec le désengagement financier des alliés. Soit le pays s'enfermait dans une politique d'autosuffisance et de protection de ses entreprises comme choisit de le faire l'Amérique latine, soit il optait pour un ajustement au marché international en repérant quelques créneaux porteurs des avantages comparatifs. Cette dernière option prévalut. La troisième étape s'inscrivait dans une stratégie de conquête des marchés extérieurs. Ce basculement a ouvert la Corée aux résultats d'une croissance rapide[20]. L'abondance d'une main d'œuvre

---

[20] EVANS P. *Class, State and Dependence in East Asia,* in DAYO F. *The Political Economy of the new Asian Industrialism,* Cornell University Press, 1987.

formée et peu coûteuse et la conjoncture internationale des « Trente Glorieuses » susceptible d'absorber de nouvelles offres de biens manufacturés confortèrent ce revirement stratégique. Ce développement industriel a été basé sur un processus d'apprentissage pour livrer des composants de biens manufacturés à de grands groupes déjà présents sur le marché international. Ce ne sera qu'ultérieurement que les conglomérats coréens apparaîtront sous leur propre marque avec leur logo. La combinaison d'un vaste marché extérieur et d'un nombre réduit de concurrents permit de jouer sur les économies d'échelle et d'accroître la compétitivité tandis qu'un renchérissement des produits sur le marché intérieur, par ailleurs protégé, assurait le financement de certaines formes de dumping.

La quatrième étape intervient sous la double impulsion des succès de la première phase et sous les effets de la crise pétrolière avec les chocs de 73 et 79. Il s'agissait pour la Corée d'engager une remontée de filière par l'implantation des industries de base. Durant la période 1973-1979, les arbitrages s'inscriront en faveur de l'industrie lourde et de l'industrie chimique. Les autorités publiques mettent en place un dispositif d'incitations fiscales et accordent des allocations de crédits bonifiés à la sidérurgie, à la pétrochimie, aux industries des métaux, à la construction navale, à la construction mécanique et à l'électronique. Les objectifs seront atteints. Mais le second choc pétrolier vient perturber gravement les échanges internationaux et déstabilise l'envolée coréenne qui connaît alors un grave trou d'air (1979-1982).

GEREFFI G. and WYMAN D. *Determinants of development Strategies in Latin America and East Asia,* in HAGGARD S. and MOON C. I. *Pacific Dynamics : The International Politics of Industrial Change,* Westwiew Press, 1989.

Ce n'est qu'à partir de 1982 que le démarrage reprend. Dans cette nouvelle phase, l'orientation est résolument portée par le développement de l'électronique, sur un début d'implantation internationale, sur l'affirmation mondialisante des *chaebols*, sur la redistribution des dividendes du développement auprès des salariés. Il s'agit en fait de procéder à un ajustement industriel assorti d'un affadissement des politiques interventionnistes Mais ce dispositif allait être contrarié par de nouveaux pays concurrents affichant de plus faibles coûts de main d'œuvre et par des inflexions sur le marché des devises renchérissant le won aux dépens de ses concurrents…

C'est alors qu'est engagée une nouvelle phase de la politique économique, à savoir celle de la libéralisation économique. On peut en dater le démarrage à partir de 1988. En effet, le gouvernement durant cette période, comme le souligne Ha-Joon Chang, libéralise le système financier intérieur. Le gouvernement Kim Young Sam, à partir de 93, atténue les contrôles externes et accrédite de nouveaux établissements bancaires tandis que le contrôle des *chaebols* et la politique industrielle de direction des investissements sont abandonnés[21]. A la faveur de la crise de 1997, des critiques stigmatiseront une déréglementation sans la précaution d'un renforcement institutionnel préalable, défaillance qui sera perçue comme l'une des causes de la gravité de l'effondrement financier.

Ce découpage d'étapes se retrouve chez la plupart des auteurs, pour la période 1961-1997. Lee établit quatre phases qu'il définit ainsi : 61/72 promotions des exportations ; 73/81 promotions de l'industrie lourde et

---

[21] CHANG Ha-Joon, *Korea: the misunderstood crisis,* World Development 28, 1998

chimique ; 82/87 adaptations industrielles ; 88/97 libéralisation[22]. Perkins fournit les mêmes caractéristiques avec un décalage temporel calqué sur les changements de gouvernement. Cela donne politique des exportations 63/71, lancement des industries lourdes et chimiques 72/79, remise en cause de l'interventionnisme industriel 80/87 et assouplissement de la réglementation depuis 88[23]. Mais cette présentation appuyée sur les seuls arguments de politiques économiques ne fait pas un consensus, d'autres explications ont été avancées.

B – Le modèle institutionnel

Cette approche tire son analyse du rôle régulateur d'une autorité nationale en valorisant l'interaction entre les producteurs et les gouvernants. Galbraith avait ouvert cette analyse dès 1967 à propos des Etats-Unis[24]. Appliquée en Corée, l'analyse explique le succès du pays par une réelle collusion entre les grands groupes industriels, les *chaebols*, l'Etat et le réseau bancaire[25]. Cet interventionnisme est mis en place, non pas, par défiance au marché, mais pour fixer le cadre des actions prioritaires. Il s'agit de favoriser l'émergence de grands groupes nationaux privés, capables de s'imposer sur la scène internationale. Au-delà, cette intervention a permis à l'Etat de se dégager des groupes sociaux dominants traditionnels, représentés classiquement

---

[22] LEE B. *Growth Factors of the Korean Economy and the Role of Industrial Policy,* Seoul, Korean Economic Research Institute, 1998

[23] CHA, KIM & PERKINS, *The Korean Economy 1945-1995: Performance and Vision for the 21st Century,* Seoul, Korea development Institute, 1997

[24] GALBRAITH J. K. *The New Industrial State,* Oxford University Press, 1967

[25] LEE C. H. *The Government Financial System and Large Private Enterprises*, in *The Economic Development of South Korea,* World Development 20, 1992.

par une aristocratie terrienne et d'éviter l'influence et l'emprise du capitalisme étranger sur l'économie nationale.

Pour ce qui est du bouleversement social, l'action avait été engagée et provoquée par la prise de contrôle du pouvoir par les Japonais dès 1910. Mais il avait été repris, avec d'autres accents, par la réforme agraire du président Syngman Rhee. Celle-ci sera très largement couplée avec un effort éducatif important qui allait rendre ultérieurement possible l'accès à des systèmes de production plus élaborés et faciliter l'accès à une industrialisation de haute technologie.

Vis-à-vis des intérêts étrangers, il s'agissait surtout d'avoir une bonne maîtrise du système financier, afin d'écarter l'emprise des multinationales américaines ou, *a fortiori*, japonaises sur l'économie nationale. L'attribution des crédits pour servir et appuyer les grandes orientations économiques se faisait donc à des conditions hors marché. Et l'Etat veillait à contrôler l'arrivée des nouveaux capitaux en privilégiant les crédits plutôt que les investissements directs. Ces derniers ne trouvaient leur place qu'en restant marginaux. Par ailleurs les multiples barrières administratives contribuaient à dissuader les opérateurs étrangers à tout désir d'intervention massive au sein de l'économie nationale. « L'*autonomisation* de l'Etat, souligne Jean-Jacques Pluchart, a permis d'instaurer un certain égalitarisme social et un nationalisme industriel propice au décollage économique »[26].

La constitution de grands groupes nationaux, les *chaebols*, est aussi un élément caractéristique de la

[26] PLUCHART Jean-Jacques *La crise coréenne, Grandeur et décadence d'un modèle de performance,* Coll. Points sur l'Asie, L'Harmattan, 1999, p. 85

structuration de l'économie coréenne. Le nom tire ses origines d'une combinaison chinoise avec *chae* pour propriété et *mumbol* pour famille noble. Ces grands groupes, bâtis pour l'essentiel à partir des années soixante, seront entre les mains de quelques familles dont le pouvoir ne sera remis en cause qu'à la faveur de la crise de 97. Selon les sources, le nombre des *chaebols* varie entre une trentaine et plus d'une centaine. Six d'entre eux, les *big six,* dominent le marché: Hyundai, Samsung, Lucky Goldstar, Daewoo, Ssangyong, Sunkyong. Juste avant la crise de 1997, 12 filiales de *chaebols* figuraient dans les 500 entreprises mondiales classées par le magazine « Fortune ». Leur organisation a rappelé ce qu'étaient les *Kereitsus* japonais. Bien que n'étant pas sans analogie, ils s'en distinguent nettement. Les holdings coréens et leurs filiales sont dominés par les grandes familles qui ne laissent aux banques et aux sociétés d'assurances qu'un rôle secondaire. Dans le cadre japonais, on observe au contraire des intérêts croisés et une participation directe aux définitions stratégiques. L'un des avantages organisationnels de ces conglomérats est l'internalisation de nombreux coûts de transaction. Les arbitrages et les appuis complémentaires de l'Etat réduiront certaines charges comme celles liées à l'émergence des firmes naissantes ou bénéficieront d'une redistribution bonifiée des crédits. Cette internalisation de certaines opérations a notoirement été étudiée et théorisée par Williamson avec ses études sur les coûts de transaction[27]. Mais les acteurs coréens, de façon tout à fait pragmatique, en avaient appliqué la méthode.

[27] WILLIAMSON O. E., *The Economic Institutions of Capitalism,* The Press Free, 1985.

C – Le caractère culturel Confucéen

La Corée a pratiqué le bouddhisme du IVème siècle au XIVème. Ce n'est qu'à partir de cette date qu'a pénétré le confucianisme en s'intégrant très fortement à la société coréenne tandis que le christianisme s'introduisait dès le XVIème siècle. Le cinquième de la population coréenne est, aujourd'hui, de confession chrétienne. La référence comportementale à une approche confucéenne n'est pas spécifique à la Corée, elle concerne également le monde de la Diaspora chinoise, c'est-à-dire Dragons et Bébés-Tigres et bien sûr la Chine. Deux pays ont brandi cette spécificité comme une affirmation nationale, à savoir Singapour et la Malaisie. Il s'agit alors d'opposer au modèle occidental, une autre approche. Ce modèle se place en rupture. Il n'y plus de voie unique pour le développement. Les institutions politiques et le modèle de l'organisation entrepreneuriale véhiculée par la réussite américaine n'ont pas nécessairement de valeurs scientifiques, et donc, une portée universelle.

Dans les années cinquante et soixante, le modèle américain s'imposait comme un modèle d'efficacité, on tendait à vouloir diffuser son modèle d'organisation d'une façon planétaire parce qu'il était un exemple probant. Il légitimait un clonage des techniques et des organisations partout où le développement était engagé. Mais il apparut que l'efficacité constatée dans un certain milieu culturel, ne bénéficiait pas nécessairement des mêmes atouts lorsque l'on plongeait méthode et organisation dans un autre contexte socio-économique. Cette approche du management par les données culturelles a été initiée par G. Hofstede[28]. Sa grille

[28] HOFSTEDE G. *Culture's Consequences International Differences in Work Related Values,* Sage, 1980.

d'analyse se fonde sur la prise en compte de quatre critères qui, croisés définissent des types managériaux. Les relations entre l'industrie et la société, les relations au sein des organisations, la distance hiérarchique et le sens du risque de dirigeants en formeront la typologie. Le modèle qui en découle pour la Corée du Sud est une grande distance hiérarchique, un modèle bureaucratique et une organisation pyramidale. Ce positionnement a l'inconvénient d'occulter toutes les capacités de flexibilité et de pragmatisme que ne manquera pas d'afficher le modèle coréen dans son évolution. Cette classification débouche sur un alignement sur les pays latino-américains qui eux se scléroseront dans leurs politiques de substitutions aux importations et de protection de leurs entreprises nationales. Cette approche semble devoir être trop statique pour expliquer la souplesse de l'expérience coréenne.

D'autres analyses appuient l'hypothèse culturelle en affirmant que le miracle coréen est moins dû à la stratégie de développement qu'à la nature d'un système fondé sur les valeurs confucéennes. Le dynamisme coréen puiserait ses sources dans l'engagement au travail, facteur de « patriotisme économique », et dans l'acceptation « d'une génération sacrifiée » pour une plus grande prospérité ultérieure. Herman Kahn et Hung-Chao Tai parlent d'un modèle « affectif »[29]. La nature confucéenne de cette inspiration culturelle aux répercussions industrieuses, viendrait d'une part du sens de la solidarité entre acteurs sociaux, au sein de la famille, de l'entreprise et de la société, et d'autre part, du sens de l'harmonie tant entre les individus qu'entre les individus et leur environnement. La croissance coréenne aurait acquis ses vertus d'efficacité davantage par le contexte culturel que par ses actions volontaristes. Des

---

[29] PLUCHART Jean-Jacques *op. Cit.* p. 87

auteurs comme J. Riedel et W. J. O'Malley font remarquer que le système des valeurs confucéennes paraissait répondre avec efficacité aux nécessités de la production de masse[30]. Cette analyse est confortée par le substrat des influences du taoïsme qui valorise l'harmonie des contraires pour asseoir les équilibres, ici représentés par l'Etat et le marché. L'adhésion aux forces du marché correspond alors assez bien à cette démarche intellectuelle et offre un argument complémentaire à cette logique culturelle du succès asiatique[31].

D - Les hypothèses managériales

D'autres auteurs ont tenté de donner une explication managériale pour expliquer la dynamique coréenne. On a parlé alors de théorie de la firme asiatique. On doit reprendre la tentative proposée par Aoki qui place le modèle coréen entre celui de l'Amérique et du Japon[32]. Le modèle américain, développé depuis les années vingt, est présenté comme une organisation pyramidale rigide, un taylorisme poussé des tâches, une séparation entre les niveaux de conception et de réalisation, un système de production planifié, un transfert des risques sur les sous-traitants, une contractualisation des salaires assortie d'une instabilité de l'emploi en cas d'incidents conjoncturels. Le modèle japonais, apparu dans les années cinquante, se distingue par des caractéristiques contraires : une flexibilité importante et un intérêt accentué porté sur l'innovation organisationnelle, une organisation du travail en équipe, un système semi automatisé de production couplé avec une technique de

---

[30] HUGHES S. J. (Editor), *Achieving Industrialisation in East Asia,* Cambridge University Press, 1993

[31] The Economist, *A survey of Asian Business,* April 7th 2001, p. 5

[32] AOKI M. *Horizontal versus virtual Information Structure of the Firm,* American Economic Review, December 1986

gestion du juste à temps économisant les stocks, une sensibilisation des salaires à la conjoncture couplée avec une certaine sécurité de l'emploi, une croissance du niveau de vie induite par les gains de productivité. Par comparaison, le modèle coréen se présente comme un compromis entre ces deux modèles. Les Coréens ont développé alors un Hyundaisme, positionné durant les années soixante-dix, qui s'interposait entre le Fordisme américain et le Toyotisme japonais. L'emploi n'est garanti que dans les *chaebols*. L'organisation du travail relève du taylorisme, mais les techniques du juste à temps sont en usage. Les hausses de salaires ont été durant les années fastes plus fortes que la productivité, mais ils avaient été contenus dans les premières phases du développement. Les *chaebols* ont eu pour inclination de passer d'un mode organisationnel calqué sur un modèle américain vers un modèle de type japonais. Cette évolution des *chaebols* a conféré certaines souplesses, mais en même temps a laissé quelques faiblesses au niveau interne. Des insuffisances innovatrices notamment dans l'essaimage et les mutations organisationnelles feront défaut lorsque le rôle de l'Etat protecteur se dissoudra au profit de la mondialisation.

Avant la crise, le système coréen se caractérise par trois traits principaux :

- Un modèle de croissance fondé sur le principe de pays-atelier pour des biens nécessitant une grande quantité de main d'œuvre.
- Une économie de marché planifiée et protégée par l'Etat chargé de repérer les opportunités du marché mondial pour valoriser quelques avantages comparatifs.
- Un modèle de management intermédiaire entre le modèle américain et la voie japonaise.

III - Les remises en causes par les crises

La Corée a connu des évènements majeurs qui l'ont obligée à infléchir sa stratégie. C'est au-delà des explications de ses succès, la flexibilité qui a constitué une stratégie efficace par un ajustement régulier à l'environnement et à la conjoncture. Mais lorsque le scandale Hanbo éclate, personne ne voit poindre une crise majeure. Pourtant cette faillite montrait que la puissante et pertinente machine au développement pouvait connaître ses limites et déchoir dans certaines perversions annonciatrices de difficultés.

A – L'approche didactique des crises

La Corée a bâti un système entrepreneurial dont le volontarisme et la souplesse furent des atouts majeurs pour épouser les défis du moment. On peut relever les sources de ces diverses prises de conscience qui ont permis de camper sur de nouvelles attitudes.

L'occupation japonaise (1910-1945) fixa les premiers éléments. La volonté des occupants de faire de ce territoire leur grenier à riz bouleversa l'organisation agricole. Mais la rigueur nippone forgea un sentiment national fait de défis et de revanches pour réparer cette humiliation. A défaut d'une réaction guerrière, ceux-ci s'incarnèrent dans la mobilisation économique et un certain ostracisme à l'encontre des produits japonais. Ainsi Samsung optera pour la devise : *les affaires ne sont que notre façon de construire la nation.*

Le second événement majeur fut celui de la guerre de Corée (1950-1953). La guerre civile mêlée aux implications soviétiques et aux interventions armées chinoises, puis américaines, transformèrent le pays en un champ de ruines balayé du nord au sud, puis du sud au nord. Le repli chinois sous l'impulsion du débarquement américain laissa la Corée coupée en deux et partagée entre des systèmes politico-économiques irréconciliables et concurrents. L'incitation, pour chacun d'eux, à prouver la meilleure efficacité, lança la Corée du Sud dans un défi ambitieux alors que son niveau de vie s'apparentait à celui du Sénégal. Mais l'aide financière américaine qui représenta jusqu'au milieu des années soixante environ 11 % de son PNB, fut une occasion pleinement mise à profit[33].

Le troisième événement fut moins tragique que les précédents, mais son impact économique fut déterminant. Les chocs pétroliers de 1973, puis de 1979 révélèrent une grande dépendance de l'économie aux marchés extérieurs. Ceux-ci pouvaient mettre en péril les succès déjà accumulés. Par la déstabilisation issue du second choc pétrolier, les débouchés dans la triade étaient compromis. L'assassinat du Président Park Chung-Hee en octobre 1979 et la répression de Kwangju en 1980 semblaient devoir y ajouter une crise politique majeure. Le pays parvint à surmonter ces épreuves et à obtenir un redressement rapide. Un accord stand-by fut signé avec le FMI, en janvier 1980, entraînant une dévaluation du won de 17 %, mais le niveau élevé des investissements combiné à une reprise des échanges internationaux rétablissait la croissance, dès 1983. La Corée en avait profité pour ajuster ses industries sur des secteurs de base avec la sidérurgie et la chimie dans le but de ravitailler ses propres entreprises, en aval.

Le quatrième choc fut occasionné par les bouleversements régionaux. De nouveaux pays beaucoup plus peuplés et en quête d'industrialisation rapide

---

[33] PLUCHART Jean-Jacques, *Op. Cit.* p. 28

surgissaient avec succès. Cette deuxième vague, les Bébés-Tigres, composée de la Malaisie, de la Thaïlande et de l'Indonésie, affichait plus de 260 millions d'habitants. La Chine, engagée par Deng Xiao Ping dans un après maoïsme époustouflant, plaçait sur l'échiquier plus d'un milliard d'habitants. Les quatre Dragons abordaient une concurrence inédite. Désormais, les créneaux d'une exportation de production de masse de biens élémentaires avec des prix issus des faibles coûts de main d'œuvre n'étaient plus assez compétitifs pour ce nouveau challenge. Les succès économiques coréens avaient entraîné, malgré des politiques plus favorables à l'épargne, une hausse du niveau de vie qui pesait sur les coûts. Il fallait revoir les options stratégiques pour s'attacher à produire des biens à forte valeur ajoutée et à haut niveau scientifique. Le « Pays du matin calme » s'engagea massivement dans la « hight-tech ».

La cinquième étape s'inscrit derechef dans une volonté de redistribution des fruits de la croissance. La Corée aspire à entrer dans la société de consommation. Durant la période 92/96, le taux annuel de hausse des salaires fut de 12,8 % alors que le niveau d'inflation ne dépassait pas les 5,3 %. Cet avantage pour la population active se combinait à la rigidité usuelle de l'emploi bien qu'elle ne fut pas sans coûts. Les organisations syndicales veillaient à ce qu'on n'y déroge pas et gardaient d'autant plus jalousement ce pacte social qu'elles étaient puissantes dans les grandes entreprises, celles-là même où s'exerçait, à titre principal, cette stabilité. La syndicalisation était de 30 % pour des entreprises entre 100 et moins de 1000 employés, mais elle bondissait à plus de 76 % pour les plus porteuses d'emplois[34]. L'engagement dans une stratégie de remontée de filière était judicieux, mais

---

[34] JWA Sung-Hee & HUH Chan Guk, *Korea's 1997 Currency Crisis: Causes and Implications,* Korea Journal, Vol. 38, N°2 Summer 1998, p. 15

posait quelques problèmes. Jusqu'à cette date, les produits étaient peu innovants : il était surtout question de copiage ou de suivisme. Il fallait désormais que le pays bascule dans une énergique politique de Recherche et Développement qui lui faisait jusqu'ici défaut. Or cette orientation était coûteuse et devait obérer sérieusement les finances alors que le positionnement extérieur était mis en difficultés par les dévaluations monétaires de la Chine de 1993 et 94 et par la dépréciation du yen après 1995.

C'est sur ce fond délicat qu'intervint la crise financière de la Thaïlande, au printemps 97. La Corée avait privilégié, au début de sa croissance, un strict contrôle de ses finances pour empêcher une intrusion intempestive des opérateurs étrangers. En privilégiant la dette à l'investissement direct, elle fut parmi les pays les plus endettés des années quatre-vingt. Mais les dividendes de sa croissance avaient été suffisants pour faire face aux échéances. Cette fois-ci, l'ouverture du pays - pour rejoindre l'OCDE et répondre aux nouveaux défis de la mondialisation – exposait le pays à des mouvements extérieurs. La crise de confiance, engagée en Thaïlande, déferla sur les pays émergents de l'Asie du Sud-Est : les capitaux s'enfuyaient, les bourses s'effondraient, les monnaies se brisaient et l'immobilier se ruinait. Quelques commentateurs en vinrent à dire que s'en était fini du modèle asiatique… Jusque là, la Corée avait fait preuve d'une étonnante souplesse et d'une capacité à intégrer les aspérités de la conjoncture et les modifications de l'environnement international. Les indicateurs financiers restaient dans les normes établies par la Banque Mondiale, même si l'endettement avait bondi de 21 % à 43 % du PIB entre 96 et 97, le déficit courant restait inférieur à 3% avant la crise. Le scandale Hanbo qui éclata au début 97, ne fût donc pas perçu comme annonciateur de désordres plus graves.

B – Le coup de semonce « Hanbo »

La banqueroute du groupe Hanbo constitue l'un des points d'ancrage de la crise, mais il illustre aussi le décalage qui s'est opéré à la faveur des modifications de l'environnement international, dans l'efficience entrepreneuriale. L'affaire débuta en janvier 1997 alors que la dévaluation du bath thaïlandais n'interviendra que six mois plus tard. Initialement, le groupe Hanbo s'était positionné sur la construction et le bâtiment. Il s'était ensuite intéressé aux opportunités de l'industrie sidérurgique pour y investir de très importants capitaux qu'il obtint du système bancaire coréen. Mais la stratégie d'investissement du groupe intervint trop tardivement, à un moment où les prix de l'acier sur le marché mondial étaient déjà en forte baisse. La combinaison d'un endettement très élevé et d'une récession mondiale dans le secteur de l'acier mit le groupe Hanbo dans une situation intenable que des prêts d'urgence, durant l'année 1996, furent incapables d'assainir. Au début de 1997, Hanbo se déclarait en faillite laissant une ardoise de 5.000 milliards de Wons... L'enquête lancée à l'instigation du Président Chung Tai-soo révéla que cette stratégie industrielle ne pouvait laisser espérer de retours sur investissements. Plus grave, il apparaissait que les énormes quantités de crédits obtenus par le groupe, relevaient de jeux politiques douteux. La corruption s'avérait impliquer tant des alliés du pouvoir que des membres de l'opposition. Le scandale qui en résulta, ternit le leadership gouvernemental et révéla une fragilité financière dont on pensait les *chaebols* exclus. Ce précédent incita les banques à recouvrer précipitamment leurs prêts auprès des autres sociétés. Des rumeurs de nouveaux groupes en difficultés commencèrent à circuler, et effectivement, une série de faillites s'en suivit : Sammi en mars, Jinro en avril, Daenong en mai, puis vint le tour de Kia en juillet subissant les effets de la chute du yuan chinois et du yen japonais. Le problème prenait un tour sans précédent en frappant le 7ème conglomérat coréen et l'un des principaux constructeurs automobiles nationaux qui jouissait pourtant d'une bonne réputation sur les marchés étrangers[35]. Les indécisions sur cette affaire durèrent près de trois mois laissant aux prêteurs extérieurs, le temps de prendre conscience des réelles fragilités du système économique et financier coréen. En octobre, les banques étrangères demandaient les remboursements des prêts qu'ils avaient consentis sans fournir de nouveaux relais. Les propres difficultés financières du puissant Japon invitaient à un rapatriement rapide des créances sans que le pays soit en mesure de jouer un rôle temporisateur. Au total, onze conglomérats feront faillite durant l'année 97.

La crise de Hanbo et l'amplification donnée par l'échec de Kia mettaient en lumière, aux yeux de la finance internationale, la faiblesse ou la dérive de certains aspects du système coréen : liens trop étroits entre les conglomérats et les banques fournisseurs des prêts, collusions entre les conglomérats et le personnel politique… Le manque de transparence comptable devint patent quand il fallut constater le défaut de consolidation des opérations des membres d'un même groupe, le non-ajustement comptable aux normes internationales et l'inefficacité d'un système national de contrôle bancaire. Mais il fallut du temps pour réagir à cette situation tant les certitudes radieuses et futuristes s'étaient imposées aux esprits. La crise avait surgi avec une telle force que le succès parut durablement bloqué.

*

*   *

[35] SUH Sang-Mok, *The Korean currency Crisis: What can we learn from it?* Korea Journal, Vol. 38 N°2 Summer 1998, p. 45

L'extrême souplesse des structures permise par une concertation régulière entre les sociétés, l'Etat et les institutions financières a procuré les modes d'ajustement les plus rapides pour répondre aux diverses phases de la croissance. Mais en se pérennisant, cette concertation a eu tendance à se transformer en collusion. La déconnexion de certains critères de rentabilité et une gestion trop nationale de l'économie firent perdre de vue la nécessité d'organismes indépendants de régulation. Par ailleurs, la nouvelle donne de l'environnement international ne permettait plus une gestion isolée des équilibres fondamentaux d'une économie nationale, et *a fortiori*, quand une large part de ce dynamisme était portée par les échanges extérieurs. C'est à l'occasion de la crise de 1997 que les structures et le fonctionnement des entreprises coréennes ont été remis en cause. Quelques signes annonciateurs n'avaient pas été pris à leur juste mesure. Depuis 1995, il apparaissait que la balance des paiements se détériorait et que cela s'accompagnait d'un accroissement de la dette extérieure et d'une baisse des réserves de change. Jusque là, la thérapie des crises avait conduit à des inflexions stratégiques, mais pas à la remise en cause d'un dispositif perçu comme la clef du succès coréen. Cette fois-ci, la déstabilisation est si profonde que des réformes de fond s'imposèrent.

Bibliographie

- ALBAGLI Claude, *Typologie du développement*, Préface du recteur Christian Labrousse, Litec, 1991
- AOKI M. *Horizontal versus virtual Information Structure of the Firm*, American Economic Review, December 1986
- BERG Andrew & PATILLO Catherine *The Challenge of Predicting Economic Crisis,* Economic Issues, International Monetary Fund, 2000

- BOUTEILLER E. & FOUQUIN M. *Le développement économique de l'Asie du Sud-Est,* Coll. Repères, La Découverte, 1995.
- CHA, KIM & PERKINS, *The Korean Economy 1945-1995: Performance and Vision for the 21st Century,* Seoul, Korea development Institute, 1997
- CHANG Ha-Joon, *Korea: the misunderstood crisis,* World Development 28, 1998
- CHALMIN Philippe, *La crise asiatique de 1997,* Bulletin Economique de la SFAC, N°1016, Décembre 1997
- CHUNG B. *La vie politique en Corée du Sud,* in *La République de Corée, mutation et enjeux,* La Documentation Française, 1997
- CHUNG Un-Chan, *A critical Look at the Korean Economy,* Korea Journal, Vol. 37, N°4, Winter 1997
- CREDIT LYONNAIS, Bulletin
- EVANS P. *Class, State and Dependence in East Asia,* in DAYO F. *The Political Economy of the new Asian Industrialism,* Cornell University Press, 1987.
- GALBRAITH J. K. *The New Industrial State,* Oxford University Press, 1967
- GEREFFI G. and WYMAN D. *Determinants of development Strategies in Latin America and East Asia,* in HAGGARD S. and MOON C. I. *Pacific Dynamics: The International Politics of Industrial Change,* Westview Press, 1989.
- HIRST Paul & THOMPSON Graham, *Globalisation in question,* Polity Press, Cambridge, 2nd Edition, 1999
- HENDERSON Jeffrey, *Danger and opportunity in the Asia-Pacific,* in THOMPSON G. F. *Economic Dynamism in the Asia-Pacific,* London, Routledge, 1998
- HOFSTEDE G. *Culture's Consequences International Differences in Work Related Values,* Sage, 1980
- JWA Sung-Hee & HUH Chan Guk, *Korea's 1997 Currency Crisis: Causes and Implications,* Korea Journal, Vol.38, N°2 Summer 1998
- HUGHES S. J. (Editor), *Achieving Industrialisation in East Asia,* Cambridge University Press, 1993

- KIM Ilpyong J. & HONG Uk Heon, *La République de Corée, le Tigre dompté,* Revue Internationale des Sciences Sociales, UNESCO, N° 163Mars 2000
- KRUGMAN Paul, *Le mythe du miracle asiatique,* Foreign Affairs, 1994
- KRUGMAN Paul, *Growing world trade : causes and consequences,* Brookings, Papers on Economy Activity, N° 1, 1995
- LAKHOUA Fadhel, *Secteurs bancaires asiatiques : les trajectoires de sortie de crise,* La Lettre Economique de la CDC, N° 122, Juin 2000
- LEE C. H. *The Government Financial System and Large Private Entreprises*, in *The Economic Development of South Korea,* World Development 20, 1992.
- OCDE, *Etudes Economiques, La Corée,* 1996
- PLUCHART Jean-Jacques *La crise coréenne, Grandeur et décadence d'un modèle de performance,* Coll. Points sur l'Asie, L'Harmattan, 1999
- POMONTI Jean-Claude & Philippe PONS, *Une épreuve supplémentaire pour les économies asiatiques,* Le Monde, 6 Octobre 2001
- SARLANDIE de la ROBERTHE C. *Contribution à une analyse des valeurs dans les pays de l'Asie orientales* Séminaire de Recherches, Poitiers, 1994
- SELLIER Cécile & PILLON Patrick, *La crise monétaire en Asie du Sud-Est,* Revue d'Economie Financière, Décembre 1997
- SUH Sang-Mok, *The Korean currency Crisis: What can we learn from it?* Korea Journal, Vol. 38 N°2 Summer 1998
- WADE R. & VENEROSO F. *The Asian crisis: the high debt model versus the wall Street-Treasury-IMF complex,* New left Review, N° 228, March-April 1998
- WEISS L. & HOBSON J. M. *States and Economic Development,* Cambridge, Polity Press, 1995
- WILLIAMSON O. E. *The Economic Institutions of Capitalism* The Press Free, 1985.

Table des Matières

INSTITUT CEDIMES

Le réseau **CEDIMES** est membre du **E2AND** (European Academic Action Network for Development) de la Banque Mondiale

QUELLE HISTOIRE ?

Le premier CEDIMES a été créé en 1972 par le Professeur Emérite **Jacques AUSTRUY** dans le cadre de l'Université Panthéon-Assas (Paris II) à occasion de son retour de Madagascar. Ce Centre d'**E**tudes sur le **D**éveloppement **I**nternational et les **M**ouvements **E**conomiques et **S**ociaux était orienté sur les problèmes du développement. L'internationalisation du CEDIMES est venu à l'initiative de partenaires issus de plusieurs pays (Congo, Liban, Madagascar, Maroc, Turquie) et a commencé en 1990.

Aujourd'hui, l'Institut CEDIMES regroupe une trentaine de CEDIMES établis sur les cinq continents et regroupant plus d'un demi-millier de participants. Chaque année de nouvelles équipes présentées par leur université candidatent pour rejoindre l'Institut. Un certain nombre d'entre elles sont dirigées par des Recteurs ou des Doyens.

QUELS BUTS ?

Etudier les possibilités de **développement durable** d'un espace économique, social et culturel donné dans un contexte de **mondialisation**. C'est-à-dire prêter attention au lien dialectique entre développement des activités et des structures économiques d'une part, des structures sociales et des modèles culturels d'autre part.

Il s'agit d'analyser le développement, c'est-à-dire les conditions de mise en place d'une économie d'une certaine complexité comportant une pluralité d'activités, des convergences de lignes de production, des complémentarités intersectorielles tout en intégrant les relations entre la dynamique interne de l'espace concerné et son insertion dans un ensemble plus vaste. Cela revient à considérer les apports des *technologies nouvelles* pour en faire un vecteur novateur et porteur de l'*intelligence économique* et de ses applications.

Le développement et les phénomènes de la transition sont alors abordés en liant les **dynamiques entrepreneuriales** aux considérations anthropologiques susceptibles d'intégrer les facteurs spécifiques du milieu considéré tant sous ses **aspects sociaux** que **culturels**.

QUEL ESPRIT ?

Dès l'origine, il fut question de créer par cette initiative, un **reflet de la mondialisation et de l'interdépendance** pour qu'y soient débattus et analysés les grands problèmes économiques et sociaux contemporains dans un esprit pluridisciplinaire afin de mieux comprendre les approches spécifiques de chaque zone culturelle.

En utilisant une langue commune, le **français**, il convenait d'être à l'écoute de nos diversités culturelles et des inflexions d'analyses en relation avec les paramètres du lieu. S'ouvrir à la différence des interprétations dans un espace de convivialité drainé par des approches à caractère scientifique et académique pour adjoindre la rigueur du discours à la curiosité et à la connaissance des autres en constituait l'esprit.

Ce réseau devait permettre par sa dynamique, d'incorporer une **élite estudiantine** dans une communauté composée de chercheurs confirmés et d'enseignants de renom afin de transmettre des approches, des savoir-faire et s'attacher à une continuité entre les générations. Cet environnement démultipliant les contacts et les expériences devait, pour les jeunes chercheurs, non seulement faciliter l'achèvement de leurs thèses et mémoires, mais aussi accroître les occasions d'échanges, et par conséquent la connaissance, entre les pays composant le réseau.

QUELLES CAPACITES ?

• LA MOBILISATION DE COMPETENCES

Implantés dans une **trentaine** de pays, les CEDIMES nationaux sont des laboratoires organisés au sein d'une université d'accueil et labellisés par le conseil des Directeurs des CEDIMES déjà en place. Chacun des centres réunit des compétences de cette université, mais aussi de membres d'autres institutions pour aborder et traiter des questions qui constituent les axes de préoccupation de notre réseau. Au total, ce sont près de **six cents** membres qui se sont inscrits dans les centres de l'Institut.

Les équipes se composent de chercheurs confirmés et réputés ainsi que de jeunes chercheurs constituant une élite sur ces questions. L'Institut CEDIMES compte quelque 12 % de ses membres dans la haute hiérarchie administrative des pays d'implantation (Ministres, membres de cabinet, Recteurs, Doyens, Directeurs,...).

• LA CAPACITE D'ORGANISATION

Nous organisons régulièrement des **colloques internationaux** sur les préoccupations qui constituent l'âme de notre réseau. Chaque année, un CEDIMES candidate pour organiser chez lui, avec la coopération des institutions universitaires et ministérielle de son pays, notre colloque fédérateur pour tous les membres. Les derniers ont été mis en place au Canada, au Maroc, en Chine, en France, à Madagascar, en Pologne. Le prochain se tiendra en Egypte sur les bases d'une opération conjointe avec les institutions de la francophonie au sein de l'Université Senghor à Alexandrie.

Maintenant nous avons mis en place des **colloques régionaux** sur des thèmes spécifiques à une région. 2002 - 2003 en a compté cinq organisés en Roumanie (deux), Bulgarie, Vietnam et au Kazakhstan. Tous accueillent de hautes personnalités nationales. Le Colloque suivant en partenariat avec la Francophonie (Université Senghor et Agence Universitaire pour la Francophonie) se tient à Alexandrie, en Egypte en mars 2004

• LA CAPACITE DE DIFFUSION DES CONNAISSANCES

Le réseau CEDIMES a été un partenaire actif pour des *programmes d'enseignement* avec des projets spécifiques élaborés avec des Ministères, Bruxelles, des organisations internationales ou para-étatiques. Des projets ont ainsi pu être mis en place en Chine, en Ukraine, en Roumanie, au Canada...

Nous diffusons nos recherches à partir de deux supports essentiels :
1) ***Les Cahiers du CEDIMES*** sont des monographies éditées sous le contrôle d'un Comité scientifique composé de hautes personnalités universitaires ;
2) La collection **Mouvements Economiques et Sociaux** (MES) éditée chez L'Harmattan donne les moyens de publier des ouvrages et les actes de nos colloques.

Cette ligne éditoriale fait suite à un partenariat avec le quotidien économique « Les Echos » pour « CONJONCTURE » qui réunissait 70 auteurs de notre réseau pour rendre compte, chaque année de la conjoncture des marchés des principaux produits, mais aussi des évolutions économiques, sociales et politiques de chacun des pays de la planète. Les Cinq dernières années du millénaire ont ainsi été passées au crible.

QUELLES STRUCTURES ?

Chacun des CEDIMES est agréé par un établissement universitaire et par le Conseil d'administration de l'Institut CEDIMES qui confère l'utilisation du sigle et de son exclusivité sur le territoire du dit pays. **Les CEDIMES ne constituent pas des filiales, mais un réseau de partenaires**. Pour valoriser les spécificités des approches culturelles de chacun des partenaires et en simplifier l'expression, le réseau s'est structuré sur les bases de la **francophonie**. Toutefois, il accueille volontiers des chercheurs qui, sans maîtriser notre langue commune, sont désireux d'apporter leurs compétences à nos activités. Une fraction importante des CEDIMES créés bénéficie de la direction d'un Recteur ou d'un Doyen. Les candidatures sont présentées par des chefs d'établissement. Chaque directeur est membre de droit du Conseil d'Administration de l'Institut.

L'Institut dispose d'un **Bureau** élu, présidé par Claude ALBAGLI, chargé de la mise en œuvre et d'un **Conseil scientifique** présidé par une personnalité de renommée internationale, Jean-Pierre GERN. Un ***Bulletin*** trimestriel informe les membres des initiatives des centres et des contributions de ses membres. Un site vient d'être créé, il devrait être conduit à jouer un rôle de plus en plus important : www.cedimes.org

QUELLES ACTIONS ?

Les différentes équipes constituées représentent un gisement de compétences pour contribuer à des actions pédagogiques et pour participer à des programmes de recherches proposés par des organismes ou initiés par l'Institut. Ainsi le réseau CEDIMES est en mesure de constituer rapidement des équipes plurinationales avec des représentants du Nord et du Sud pour mettre en commun un champ de compétences complémentaires.

Parmi les **contrats de recherches** on relève des analyses de terrain sur les économies villageoises en milieu malgache ; les contraintes du secteur textile dans des pays africains avec une étude au Togo et au Maroc ; l'examen de l'état du ravitaillement vivrier de Kinshasa, les conséquences sociales et les raisons agricoles et économiques des ruptures d'approvisionnement ; les analyses de la PME sur le pourtour méditerranéen ; l'esprit entrepreneurial des femmes maghrébines de part et d'autre de la Méditerranée ; l'impact et le rôle des ONG en Bolivie... Ces études ont permis d'étroites coopérations entre les équipes nationales et une élévation du champ de compétence des jeunes chercheurs qui ont pu y être associés.

QUELS PARTENAIRES ?

Parmi les partenaires des actions et recherches, on peut citer : le Ministère Français des Affaires Etrangères, les organes d'appuis de la Commission de Bruxelles, la Commission Nationale Coréenne pour l'UNESCO, l'AUF, l'Office Franco-Québécois pour la Jeunesse (OFQJ), la Fondation helvético-bolivienne El Patiño, la multinationale SAMSUNG, l'Assemblée Permanente des Chambres de Métiers (APCM), l'Université de Rouen, les universités partenaires de la trentaine de CEDIMES, le Centre de Coopération Internationale en Recherche Agronomique pour le Développement (CIRAD), le quotidien Français « Les Echos », l'Asia-Pacific Co-operative Training Center (Sydney - Australie)... Le réseau **CEDIMES** est membre du **E2AND** (**E**uropean **A**cademic **A**ction **N**etwork for **D**evelopment) de la Banque Mondiale.

QUELLES REALISATIONS ?

♣ ***L'entreprise face aux structures nationales***, XIVème colloque international de l'Institut CEDIMES, Université de Wroclaw, CEDIMES-Wroclaw et Institut CEDIMES, **Wroclaw (Pologne), 14 – 16 Mai 2001**

♣ ***Hommage à Jacques AUSTRUY***, fondateur du CEDIMES et trentième anniversaire du CEDIMES-Paris Mélanges, Université Panthéon-Assas (Paris II) et Institut CEDIMES, **Paris (France), 11 Mai 2001**

♣ ***Politiques économiques et stratégies financières dans le contexte de la transition***, Colloque régional du CEDIMES avec la contribution de 4 CEDIMES nationaux (France, Roumanie, Grèce, Bulgarie), Université de Valahia, CEDIMES-Targoviste, **Targoviste, (Roumanie), 24 -26 octobre 2002**

♣ ***Le développement durable dans la transition économique, le rétablissement des flux***, Colloque régional du CEDIMES avec la contribution de 7 CEDIMES nationaux (Bulgarie, Roumanie, Macédoine ERY, France, Ukraine, Suisse, Madagascar) Université de St Kliment Ohridiski, CEDIMES-Sofia et CEDIMES-Neuchâtel **Sofia (Bulgarie), 21 - 23 Novembre 2002**

♣ ***La nouvelle configuration économique en Asie et les flux d'investissements directs étrangers***, Colloque régional du CEDIMES, Ecole Supérieure de Commerce de Hanoi, Ecole Supérieure de Commerce de Paris (ESCP), Université Paris III, CEDIMES-Hanoi, CEDIMES-Paris, **Hanoi (Vietnam), 13 – 15 février 2003**

♣ ***Premier Séminaire Européen de l'Institut CEDIMES.*** *Séminaire régional de l'espace européen organisé par l'*Université de Targoviste et Institut CEDIMES (Groupe Europe Ouest & Europe Centrale) avec l'ouverture par le Conseiller du Président de la République, la présence de 14 nationalités et les contributions des CEDIMES de Roumanie, France, Grèce, Macédoine (ERY), Pologne, Turquie, Kazakhstan, Belgique, Ukraine, Bulgarie. La manifestation a reçu le soutien du Ministère Français des Affaires Etrangères et de l'Agence Intergouvernementale de la Francophonie. **Targoviste (Roumanie), 5 –16 juin 2003**

♣ ***Les facteurs créatifs dans le processus du développement des civilisations*** Université de Kaïnar et Institut CEDIMES. Les CEDIMES du Kazakhstan, de Belgique, de France, de Grèce, de Roumanie ont participé à cet événement dont l'UNESCO fut aussi partenaire. **Almaty (Kazakhstan), 7 - 9 Juillet 2003**

♣ ***Renouvellement de l'approche scientifique pour le développement et les économies émergentes, contribution de la pensée francophone***, XVème Colloque international de l'Institut CEDIMES organisé en partenariat avec l'Université Senghor et l'Agence Universitaire de la Francophonie. **Alexandrie (Egypte), 14 – 18 mars 2004**

www.ingramcontent.com/pod-product-compliance
Lightning Source LLC
LaVergne TN
LVHW010924051026
849532LV00003B/830
* 9 7 8 2 7 4 7 5 6 2 2 4 9 *